PORQUE ME UFANO DO MEU PAIZ

LER&RELER
OS CLÁSSICOS NA ALMEDINA

PORQUE ME UFANO DO MEU PAIZ

AFFONSO CELSO

MINOTAURO

PORQUE ME UFANO DO MEU PAIZ

AUTOR: Affonso Celso

DIRETOR DA ALMEDINA BRASIL: Rodrigo Mentz
EDITOR: Deonísio da Silva
ASSISTENTES EDITORIAIS: Alessandra Costa e Mary Ellen Camarinho Terroni
ASSISTENTES DE PRODUÇÃO: Larissa Nogueira e Letícia Gabriella Batista
ESTAGIÁRIA DE PRODUÇÃO: Laura Roberti

REVISÃO: Daboit Textos
CONCEPÇÃO GRÁFICA: Eduardo Faria/Officio
SUPERVISÃO GERAL: Deonísio da Silva e Marco Pace

ISBN: 9786554271776

Outubro, 2023

Dados Internacionais de Catalogação na Publicação (CIP)
(Câmara Brasileira do Livro, SP, Brasil)

Celso, Affonso
Porque me ufano do meu paiz / Affonso Celso. --
São Paulo, SP : Edições 70, 2023.
ISBN 978-65-5427-177-6
1. Ensaios brasileiros 2. Nacionalismo
3. Patriotismo 4. Política - Brasil I. Título.

23-162502 CDD-306.43

Índices para catálogo sistemático:
1. Ensaios brasileiros : Sociologia 306.43
Tábata Alves da Silva - Bibliotecária - CRB-8/9253

Este livro segue as regras do novo Acordo Ortográfico da Língua Portuguesa (1990).

EDITORA: Almedina Brasil
Rua José Maria Lisboa, 860, Conj.131 e 132
01423-001 | Jardim Paulista | São Paulo | Brasil
www.almedina.com.br

APRESENTAÇÃO

Para ler hoje por que me ufano de meu país

"QUEM NÃO LÊ
MAL FALA
MA OUVE
MAL VÊ"

Dito atribuído a Monteiro Lobato, talvez o primeiro escritor a preocupar-se em produzir, não apenas livros, mas também leitores em nosso país.

Não se pode ler este livro sem o cuidado de atentar para o estranho paradoxo havido ao findar o complicado, mas benfazejo Século XIX, e romper o terrível Século XX, que nos traria duas guerras mundiais, em cujos campos de batalha morreram tantos brasileiros, se bem que em menor número, quando examinamos os genocídios havidos e milhões de mortos de outras nacionalidades.

No âmbito interno, as coisas foram difíceis aqui também e agravadas pelos desdobramentos do que ia acontecendo nos períodos de 1914 a 1918, e de 1939 a 1945. Sejam exemplos destes fatos a Revolução de 1930, que, aliás, não se adjetivou, e a Revolução Constitucionalista de 1932, seguidas em curtos períodos de golpes de Estado. Começara com o golpe de Estado de 1937, na primeira metade do Século XX, mais as sinistras interrupções da via constitucional no golpe preventivo dado para garantir a posse de Juscelino Kubitschek, passados apenas dois lustros do fim da Segunda Guerra Mundial, seguido do golpe de 1964, e o golpe dentro do golpe, de 1968, já na segunda metade do Século XX.

Eram golpes de todos os lados. E ainda houvera o tenentismo, os 18 do Forte, além de sebaças, revoltas e outras perturbações designadas por nomes pejorativos, como sempre se fizera e se faz ao longo da História do Brasil para desqualificar movimentos sociais de mudança do estado de coisas.

Como terá sido lido na alvorada do século passado um livro como Por que me ufano de meu país, do Conde de Affonso Celso de Assis Figueiredo? O passado tem um grande futuro atrás de si, mas o futuro, o que será o futuro? Este, sim, a Deus pertence e pertenceu antes de tornar-se passado. Pois, tão logo faça-se presente o futuro, ambos migram para o passado e daí nos pertencem. Hosbawn deixa entredito que só pode ser bem claro o que já aconteceu. Pode, mas nem sempre é.

Por que me ufano de meu país terá vendido 200.000 exemplares quando o Brasil tinha menos de vinte milhões de habitantes e as taxas de analfabetismo eram ainda muito mais altas do que atualmente. Se temos pesados grilhões ainda fixos em nossas pernas, o pior deles e talvez a *conditio sine qua non* (condição indispensável) para a classe dominante manter seus eternos processos de dominação seja o analfabetismo na sua pior manifestação: o povo brasileiro é um povo que lê muito pouco. Milhões leem no Brasil, onde tudo é grande, é "gigante pela própria natureza" a burrice, e "impávido colosso" o gosto de não ler, a falta do costume de ler, por isso se pode dizer com segurança à luz de números e de outras constatações: o povo ainda não lê. Aprender a ler as primeiras letras, boa parte do povo já aprende, mas de jeito nenhum chega ao livro ou o livro chega a ele.

Então, por que tantos leram esse livro num tempo em que o autor escolhia a grafia? Ou seria a "graphia", pois ainda não se tinha implantado nenhum modelo de ortografia que não fosse aquela que o autor quisesse ou fosse de bom tom no convívio dos autores, não tanto dos leitores. Por isso, respeitando a grafia escolhida pelo autor, apresentamos a seguir o livro tal qual foi publicado, no modo de escrever escolhido pelo Conde.

Mas, para curiosidade e outros desejos ou sentimentos dos leitores e para ser melhor entendido, publicamos também a grafia atualizada, já de acordo com o Acordo Ortográfico em vigor, concebido nos anos 1980 e implantado há menos de vinte anos, estando hoje aparentemente consolidado nas nove nações lusófonas, embora com mais controvérsia em Portugal, que nos deu a língua portuguesa original, hoje acrescida no Brasil de milhares de palavras que a matriz resiste a aceitar.

Não se pode sequer pensar em dar aos autores a concessão de escrever como querem, a língua precisa de estabilidade, mas a língua dos primeiros cronistas e padres letrados ou a de Machado de Assis, é bem diferente das de Jorge Amado, de Erico Verissimo, de Dalton Trevisan, de Rubem

Fonseca, de Guimarães Rosa, de Lygia Fagundes Telles e de quais mais os leitores queiram lembrar, sem ainda aludir à respectiva literariedade de cada um deles, das palavras e do modo de escrever do Conde de Affonso Celso neste *Por que me ufano de meu país*.

No final deste livro, você encontrará um ensaio especialmente escrito pelo escritor e professor Wander Lourenço, notável romancista e experimentado doutor em letras, ativo mestre, saudavelmente inquieto com tudo o que diz respeito à arte de entender e ensinar o Brasil aos brasileiros. Desta vez, quem fala não é o documentarista dos brilhantes trabalhos sobre o poeta Carlos Nejar e a romancista Nélida Piñon, mas o atento docente de "olhar armado" para fazer espocar um relâmpago iluminador sobre o contexto e o caso singular do livro do Conde de Affonso Celso bem ancorado na melhor ensaística literária nacional.

Prossigamos agora com o primeiro *best-seller* brasileiro. Poucos, muito poucos, chegaram a este desempenho de aceitação de seus livros.

Boa leitura a todos!

DEONÍSIO DA SILVA

A MEUS FILHOS

Affonso Celso de Ouro Preto
e
Carlos Celso de Ouro Preto;
e
A' memoria de meu filho
João Paulo de Ouro Preto

SUMÁRIO

VERSÃO ORIGINAL

VERSÃO ATUALIZADA

PORQUE ME UFANO DO MEU PAIZ

AFFONSO CELSO

VERSÃO ORIGINAL

I

Para quem e para que foi composto este opusculo

As paginas que ahi vão — escrevi-as para vós, meus filhos, ao celebrar a nossa Patria o quarto centenario do seu descobrimento. Sorri-me a esperança de que encontrareis nellas prazer e proveito.

Consiste a minha primordial ambição em vos dar exemplos e conselhos que vos façam uteis á vossa familia, á vossa nação e á vossa especie, tornando-vos fortes, bons, felizes. Si de meus ensinamentos colherdes algum fructo, descançarei satisfeito de haver cumprido a minha missão.

Entre esses ensinamentos, avulta o do patriotismo. Quero que consagreis sempre illimitado amor á região onde nascestes, servindo-a com dedicação absoluta, destinando-lhe o melhor da vossa intelligencia, os primores do vosso sentimento, o mais fecundo da vossa actividade, — dispostos a quaisquer sacrificios por ella, inclusive o da vida.

Embora padeçais por causa da Patria, cumpre que lhe voteis alto, firme, desinteressado affecto, o qual, longe de esmorecer, — augmente, quando desconhecido, injustamente aquilatado, ou ingratamente retribuido, e, jámais, em circumstancia nenhuma, vacille, descreia, ou se entibie.

Mas cumpre igualmente que não seja um amor irreflectido e cego, e sim raciocinado, robustecido pela observação, assente em solidas e convincentes razões.

Não deveis prezar a vossa terra só porque é vossa terra, o que, aliás, bastaria. Sobejam motivos para que tenhais tambem orgulho da vossa nacionalidade. A natureza não constitue o seu exclusivo e principal titulo de vangloria.

Ousa affirmar muita gente que ser brasileiro importa condição de inferioridade. Ignorancia, ou má fé! Ser brazileiro significa distincção e vantagem. Assiste-vos o direito de proclamar, cheios de desvanecimento, a vossa origem, sem receio de confronta o Brazil com os primeiros paizes do mundo. Varios existem mais prosperos, mais poderosos, mais brilhantes que o nosso. Nenhum mais digno, mais rico de fundadas promessas, mais invejavel.

Nas linhas que se seguem procurei demonstrar estes assertos. Não as inspira enthusiasmo, mas experiencia e estudo. Já me alonguei da quadra em que o enthusiasmo domina. Mais de meio caminho da jornada está percorrido. Andei em demoradas viagens por grande extensão do orbe. Tenho lido e meditado muito, tenho soffrido duras decepções.

E me sinto amigo do meu paiz, cada dia em grau superior ao do antecedente. Em nenhum outro, fixaria de bom grado o domicilio. Peço que me deitem aqui, sómente aqui, para o somno supremo.

Quereis saber os fundamentos desse culto? A leitura dos argumentos e factos, adiante singelamente expostos, vol-o mostrará.

Avigorai, meus filhos, estes argumentos; juntai novos factos a taes factos; propagai-os; cultivai, engrandecei o amor pelo Brazil

Que a vossa geração exceda a minha e as precedentes, sinão em similhante amor ao menos nas occasiões de o comprovar. Quando disserdes: «Somos brazileiros!» levantai a cabeça, transbordantes de nobre ufania. Convencei-vos de que deveis agradecer quotidianamente a Deus o haver Elle vos outorgado por berço o Brazil.

II

Primeiro motivo da superioridade do Brazil: a sua grandeza territorial

O Brazil é um dos mais vastos paizes do globo, o mais vasto da raça latina, o mais vasto do Novo Mundo, á excepção dos Estados Unidos.

E´ pouco menor que toda a Europa.

Rivalisa em tamanho com o conjuncto dos outros paizes da America Meridional. Representa uma decima quinta parte do orbe terraqueo. Só a Russia, a China e os Estados Unidos o excedem em extensão. E' quatorze vezes maior do que a França, cerca de trezentas vezes maior do que a Belgica.

A sua circumscripção territorial menos dilatada, Sergipe, sobreleva a Hollanda, a Dinamarca, a Suissa, o Haiti e Salvador. Cada um dos municipios em que se subdivide a mais ampla, Amazonas, equivale a Estados, como Portugal, Bulgaria e Grecia.

Pará, Goyaz, Matto-Grosso ultrapassam qualquer nação européa, salvante a Russia.

O Brazil é um mundo.

Quer isto dizer que si a população do Brazil igualar a densidade da população belga, tornar-se-ha superior á que se calcula existir hoje na terra inteira. Basta que essa densidade seja como a de Portugal, para a população ascender a 400 milhões. Ascenderá a um bilhão si a densidade emular com a das ilhas Britannicas.

Já se estima num terço da população latina do Novo Mundo a actual do Brazil. Occupa o 13° lugar entre as nações mais povoadas do globo, só tendo acima de si as dos imperios anglo-indico, chinez, e russo, a da França e colonias, a dos Estados Unidos e colonias, a da Allemanha e colonias, a do Japão, a da Austria-Hungria, a da Hollanda e colonias, a da Italia e colonias, a do imperio Ottomano, e a da Belgica com o Estado do Congo.

Das nações latinas só distanciam o Brazil em população a França e a Italia. Quanto á Hespanha, a sua população presentemente, si não é inferior, é igual á do Brazil.

Tem esta dobrado de trinta em trinta annos. Si continuar assim a progressão (e tudo indica que augmentará: a população de S. Paulo triplicou em dez annos), o Brazil nos meados do seculo XX sobrepujará em numero de habitantes a França dos nossos dias.

III
Vantagens unidas á grandeza territorial do Brazil

A enorme extensão do Brazil fórma um todo homogeneo, bem situado, servido por magnificos rios, facilmente accessivel.

Communicam-se entre si, do modo mais natural, todos os elementos desse conjuncto, quer pelo mar, quer pelo interior.

Occupa elle a parte central do continente. Acha-se mais perto da Europa e da Africa que qualquer ponto da America hespanhola, o que o torna em extremo favoravel ao commercio e á navegação.

Offerece mais de mil legoas de costas, com uma infinidade de portos e enseadas, como que adrede abertos para acolherem os visitantes.

Constitue tão gigantesco territorio um resumo da superficie do planeta, excepto as regiões polares.

Descobre-se nelle tudo quanto o mundo possue de melhor. Póde supprir por si só as necessidades physicas das innumeraveis multidões que o povoarem.

A' flora brazileira, maravilhosamente rica, é dado se juntarem todas as flores e fructas do universo. Nenhuma é incompativel com a nossa natureza. Não ha planta exotica que, convenientemente tratada, deixe de germinar no Brazil.

Homens de não importa que procedencia encontram tambem no Brazil, escolhendo zona, meio adequado para prosperar.

Negros, brancos, pelles-vermelhas, mestiços vivem aqui em abundancia e paz.

IV

Outras vantagens da grandeza territorial do Brazil

Certo, a simples grandeza territorial não confere a um paiz superioridade sobre os mais. Ha na Africa immensas regiões sem valor. O Sahara é enorme.

Por outro lado, paizes pequenos immortalisaram-se pelas suas artes, philosophia, inventos, virtudes. O espirito da Grecia antiga ainda domina. Portugal avassallou os mares. A Suissa hodierna impõe-se ao respeito e á admiração geraes.

Mas a tendencia dos Estados foi sempre, e é, avantajarem-se em territorio, dilatarem as suas fronteiras. Tal outr'ora a ambição da Persia, da Macedonia, de Roma, de Carthago. Tal a dos principaes povos da Europa contemporanea, na sua politica de expansão colonial, que tantos attentados contra o direito e tantos sacrificios tem custado.

Quantas guerras de conquista não registra a historia?

Tiram os homens orgulho da grandeza territorial de sua patria. O moderno inglez, como o antigo hespanhol, enche-se de altaneria, ao repetir que, nos dominios de sua coroa, o sol não se deita.

Sonham os povos ver a sua bandeira cobrir a maior superficie possivel. Nenhum se resigna a soffrer diminuição no seu solo.

Doado pela Providencia, recebeu o Brazil aquillo que outros paizes, derramando rios de sangue, imensas difficuldades tiveram em alcançar.

A' excepção de relativamente insignificante zona no sul, não é fructo de conquista seu vastissimo territorio, nem se constituiu aos poucos, trabalhosamente. E' hoje o que foi — geographica, compacta, solidamente unido. Importa, sem duvida, esse facto um relevante elemento de excellencia e primazia.

Somos uma grande nação. Ampla porção do mundo nos pertence. Formamos um conjuncto solidario do qual nada perdemos, ha quatrocentos annos, apezar de poderosos governos terem tentado, por vezes repetidas, arrancar-lhe pedaços.

E a essa vastidão territorial se alliam a identidade de lingua, de costumes, de religião, de interesses. Nenhum antagonismo separa os grupos componentes da população. Não nutrem elles aspirações antinomicas, nem conhecem tradições hostis. Nada justifica o receio de que appareçam motivos serios de dissenção, de modo que o immenso todo se fragmente.

Fornece tudo isto incontestaveis motivos de superioridade.

Somos filhos de um bondoso, sadio, robusto colosso.

Refere a Biblia que Saul foi proclamado rei, por ser mais alto que todo o seu povo, do hombro para cima.

O Brazil sobreleva em tamanho quasi todos os paizes do globo. Quando lhe fallecessem outros titulos á precedencia (e esses titulos abundam) bastava-lhe a grandeza physica.

V

Segundo motivo da superioridade do Brazil: a sua belleza

Não ha no mundo paiz mais bello do que o Brazil. Quantos o visitam attestam e proclamam essa incomparavel belleza.

Dentro do enorme perimetro brazileiro, encontra- se tudo o que de pittoresco e grandioso offerece a terra. Ainda mais: encontra-se, em materia de panorama, tudo o que ardente imaginação possa phantasiar. E os espectaculos são tão variados quanto magnificos.

Observa João Francisco Lisboa, no *Jornal de Tinton*, que os sentimentos experimentados pelos primeiros exploradores do Brazil, ao darem vista das nossas costas, eram de intensa surpreza e admiração.

A tal ponto os maravilhava o aspecto pomposo da terra inculta e selvagem, — continúa o eximio litterato maranhense, — que a todos elles acudia espontaneo o pensamento de que, sem duvida, nesta abençoada região estivera outr´ora situado o paraizo terreal.

Tal conjectura foi debatida, com incrivel gravidade, durante bom numero de annos.

Amerigo Vespucci, numa carta publicada em 1504, opina que, a haver aquelle paraizo, não devia ser longe das nossas plagas.

Mais tarde, e por longo tempo, acreditou-se que no Brazil permanecia o fabuloso Eldorado.

No documento mais venerando da nossa historia colonial, segundo Porto Seguro, a epistola de Pero Vaz de Caminha a El-Rei D. Manoel, noticiando o descobrimento de Cabral, diz o insigne chronista que a praia é muito formosa, com arvoredo tanto, tamanho e tão basto e de tantas plumagens que não póde homem dar conta.

Entre o escriptores dos tempos coloniaes, o padre jesuita Simão de Vasconcellos, nas *Noticias Curiosas*, declara que capitães e cosmographos não viram cousa igual no universo todo, á perspectiva da nova terra «que é um espanto da natureza e faz vantagem aos campos elysios, hortos pensiles e ilha de Atlanta».

Rocha Pitta, na *Historia da America Portugueza*, affirma que do novo mundo é a melhor porção o Brazil — «felicissimo terreno, em cuja superficie tudo são fructas, em cujo centro tudo são thesouros, em cujas montanhas e costas tudo são aromas».

«Em nenhuma outra região, — accrescenta, — se mostra o ceu mais sereno, nem madruga mais bella a aurora: o sol em nenhum outro hemispherio tem os raios tão dourados, nem os reflexos nocturnos tão brilhantes: as estrellas são as mais benignas, e se mostram sempre alegres: os horizontes, ou nasça o sol ou se sepulte, estão sempre claros; as aguas, ou se tomem nas fontes pelos campos, ou dentro das povoações nos aqueductos são as mais puras. A formosa variedade de suas formas, na desconcertada proporção dos montes, na conforme desunião das praias, compõe uma tão igual harmonia de objectos que não sabem os olhos onde melhor possam empregar a vista.»

Pondera Claude d'Abbeville que «nada ha de comparavel á belleza e delicias desta terra, bem como á sua fecundidade e abundancia em tudo quanto o homem possa imaginar e desejar, assim para o contentamento e regalo do corpo, em relação a temperatura do ar e a amenidade do sitio, como para a acquisição de riquezas».

Em 1624, relata Simão Estacio da Silveira que a excellencia do Brazil consiste em muitas cousas notorias. «A primeira no amenissimo ceu e saluberrimo ar, de que gosa, aonde sempre é verão e sempre está o campo e arvoredo verde, cargado de infinita diversidade de fructas, cujos nomes, sabores, feições, excedem a toda declaração humana.»

Mostra João Francisco Lisboa, — de quem tomamos estes excerptos — que Laert, Lery, Pinçon e outros escriptores que visitaram o Brazil ainda em tempos pouco posteriores ao descobrimento, não têm limites nos louvores aos dotes naturaes do paiz.

Identica impressão de agradavel assombro produzio elle nos sabios e viajantes contemporaneos que o percorreram, — alguns verdadeiras celebridades universaes. Alexandre de Humboldt colloca a magestade e a calma das nossas noites tropicaes entre os maiores gosos proporcionados pelas scenas da natureza; exalta a indizivel lindeza das nossas palmeiras, cujos pennachos formam ás vezes uma floresta sobre outra floresta; assegura que a zona vizinha ao equador é a parte da superficie do planeta, onde, em menor extensão, se despertam mais numerosas variedades de impressões, ostentando quer a terra quer o ceu todos os seus multiplices esplendores.

Innumeros outros autores celebram enlevados as formosuras do Brazil, rico de paizagens para quaesquer preferencias.

Ninguem ha que, pisando o nosso territorio, deixe de se encantar pela natureza. Tornou-se proverbial a admiração que ella provoca.

Vistas della tiradas se exhibem como modelos nos mais exigentes centros artisticos.

Sustenta Mauricio Lamberg que o ceu do Brazil é mais formoso do que o europeu, brilhando aqui a lua e as estrellas como em nenhuma outra região, pois são superiores as nossas condições atmosphericas.

Comprova assim o viajante allemão a verdade dos poeticos conceitos de Gonçalves Dias:

«Nosso ceu tem mais estrellas,
Nossas varzeas tem mais flores,
Nossos bosques tem mais vida,
Nossa vida mais amores.»

Na realidade, o Armamento austral encerra mais estrellas de primeira grandeza que o boreal, entre as quaes as componentes do famoso Cruzeiro do Sul.

Impossivel seria descrever minuciosamente os primores do Brazil, que taes o poeta não encontrava na Europa, e cuja magnificencia impressiona os estrangeiros mais que os nacionaes, por estarem estes habituados a gozal-a.

No meio de muitas maravilhas que, em grau menor, existem em outras zonas, possue o Brazil, sem emulas, quatro grandes curiosidades naturaes.

São: o Amazonas, a cachoeira de Paulo Affonso, a floresta virgem e a bahia do Rio de Janeiro.

Cada uma bastaria, por si só, a notabilisar um paiz.

VI
O Amazonas

Uma das maravilhas da natureza, o maior rio do mundo! A sua bacia é igual a 5/6 da Europa. Uma de suas ilhas, a de Marajó, excede em tamanho a Suissa.

Nem todo elle pertence ao Brazil, mas a parte brazileira é, sinão a mais extensa, a mais importante, curiosa e rica. Quem quizer conhecer o Amazonas tem de vir ao Brazil.

No Brazil, o *mar doce*, como lhe chamaram os primeiros exploradores, atira-se ao Atlantico, rolando rapidamente para este tal quantidade d'agua que quem voga no immenso estuario da embocadura, pergunta (diz um escriptor) si o oceano não deve a sua existencia a esse rio e si não passa de um receptaculo do liquido trazido por elle sem cessar.

O rio luta com o oceano; vence-o. Durante largo espaço, impõe-lhe a côr e o gosto das suas aguas.

Nem sempre o jugo é tolerado sem revolta. Do embate entre a massa fluvial e a maritima provém, ás vezes, o phenomeno das *pororocas*, em que a segunda faz a primeira retroceder. Na linha de encontro das massas oppostas, entumece, levanta-se a grandes alturas um vagalhão colossal que se arremessa, com estrondo estupendo, sobre o leito do rio, derribando e arrastando diante de si tudo quanto ouse se lhe antepor. A esse vagalhão succedem outro e outro, igualmente bramantes e destruidores. O estrondo se espalha até consideravel distancia. Depois, volta o silencio augusto, o curso normal das cousas. O mar tentou rebellar-se. Eil-o impotente, subjugado de prompto pelo rio.

Sempre largo e navegavel, com enchentes, vasantes, uma especie de maré, assemelha-se ao mar em muitos lugares.

Nas cheias, desapparecem quasi todas as ilhas que o povoam, inundam-se os terrenos marginaes. Não se lhe póde então fixar limites. Torna-se verdadeiro mar interior, de profundidade extraordinaria.

Fertil em incalculaveis riquezas, offerece o Amazonas indizivel variedade de aspectos, revelando constantemente amplitude, força e magestade infinitas.

Apresenta attractivos innumeros ao viajante, ao sabio, ao artista, nos seus archipelagos de verdura; nas florestas das suas ribas, habitadas algumas por indomitos selvagens; na profusão de seus canaes, labyrintos, ou galerias de folhagens, com abobadas de ramas entrelaçadas, sob as quaes passam difficilmente, em mysteriosa penumbra, as embarcações. E a multidão de canoeiros que o singram, gente bizarra, manobrando com habilidade incomparavel o fragil esquife em passos arriscados, rhythmando o movimento dos remos pela toada de poeticas cantigas?!...

São-lhe tributarios numerosos affluentes, varios inexplorados ainda. Abrem-se-lhe aos dois lados, como gigantescos leques de rios, cada qual com a sua individualidade, as suas ilhas, os seus canaes, as suas selvas, as suas peculiaridades, notaveis muitos por si sós.

Tortuosos estes; rectilineos aquelles; série de lagos, terceiros; correndo uns sem obstaculos; constituindo-se outros de successivas escadas de cachoeiras; ora de marcha vertiginosa, ora lentos, ora de correnteza apenas perceptivel; revelando-se aqui apathicos e indolentes; além, impetuosos e tumultuarios; desenvolvendo-se de meandro em meandro; formando remoinhos espumejantes, remansos, torrentes; ostentando aguas de variegados matizes: brancas, amarelladas, ceruleas, negras, transparentes.

A uns o Amazonas acolhe-os propicio, absorvendo-os, misturando-se logo com elles.

Recebe reluctante outros que só penosamente se diluem em seu seio. Na época da enchente, fica tudo incommensuravel planicie liquida.

Procissões de arvores arrancadas desfilam boiando sobre a correnteza. As que resistem desapparecem, submersas.

Em vindo a vasante, destacam-se das margens corroidas pedaços de barranco que, ilhas movediças, levando plantas e animaes, passaros trepados nos ramos, reptis agarrados aos troncos, seguem fluctuando e se derretem aos poucos.

Outras occasiões, enormes madeiros se entrecruzam, atam-se, amontoam-se ao longo das ribas, ou engendram gigantescas jangadas que derivam.

Quantas scenas grandiosas e pittorescas! Eis os tapuyos amarrando a canôa a um tronco transportado pela agua, á guiza de rebocador. Dispensam o remo. Si o vento augmenta e vagas altas ameaçam o lenho ligeiro, os tripolantes o introduzem num cortejo de hervas que o protege, attenúa a força da correnteza, regularisa os movimentos. E lá se vão tranquillos, independentes, felizes.

No seu percurso de milhares de kilometros, nunca deixa o Amazonas de ser prodigiosamente opulento em peixes, — duas vezes mais que o Mediterraneo. Contam-se milhares de especies peculiares a elle, muitas descobertas por Agassiz, as quaes mudam de aspecto conforme as paragens. A par do peixe-boi e do peixe electrico, myriades de camarões microscopicos, tão saborosos como os communs. Pullula a vida alli. Habitam as florestas das ilhas e margens, florestas formadas de preciosissimas madeiras, populações innumeraveis de insectos, reptis, mamiferos, maravilhosos pela variedade, originalidade e bellesa das fórmas, brilho e cor. Centenas de familias de passaros, alegram a solidão. Enumeram-se duas vezes mais classes de borboletas do que em toda a Europa.

Ahi a patria dos famosos seringaes, productores da borracha, de mil applicações na industria, monopolio quasi do Brazil.

E, além do Amazonas, fertilisam o Brazil o São Francisco, o Paraná, o Tocantins, pouco menos colossaes e notaveis, formando inegualavel rede fluvial, com cachoeiras esplendidas, rapidos que se descem em uma hora e se sobem em quinze dias, innumeras curiosidades naturaes.

O Tocantins abre passagem denodadamente atravez largas trincheiras de formidaveis rochedos. O Araguaya que se une a elle passa, num lugar chamado Martyrios, estrangulado entre paredes de granito cobertas de esculpturas, nas quaes julgam os canoeiros reconhecer imagens do supplicio de Jesus.

VII
A Cachoeira de Paulo Affonso

Os americanos do norte têm immenso orgulho da sua cataracta do Niagara, que Chateaubriand qualificou — uma columna d'agua do diluvio.

O Brazil possue maravilha igual, sinão superior, — a cachoeira de Paulo Affonso.

Encontra-se nesta tudo quanto naquella eneanta, apavora e maravilha.

E' a mesma enorme massa liquida, a rolar de vertiginosa altura, em fervilhante precipicio; o mesmo estrondo, repercutindo em prodigiosa distancia; a mesma trepidação dos arredores, como que a prenunciar um terremoto; o mesmo abysmo continuamente trovejante, regorgitando de espumas e do qual se elevam nuvens de alvos vapores, cortados de arco iris permanentes; a mesma imagem turbilhonante do caos; — produzindo tudo a mesma impressão, a principio confusa e aterradora, depois extraordinaria, miraculosa, sublime, parecendo menos um espectaculo do que portentosa visão.

Porém Paulo Affonso offerece mais selvagem poesia e maior variedade de aspectos do que o Niagara.

O rio S. Francisco, que a forma, desfila, antes de chegar a ella, no meio de um dedalo de ilhas, ilhotas, recifes, pedras isoladas, de surprehendente effeito pittoresco.

De subito, apertada entre colossaes muralhas graniticas, divide-se a torrente, para o salto tremendo, em tres gigantescos braços, — quatro no tempo da cheia, — separados por estranhos grupos de rochedos, emquanto multiplos jactos copiosos e independentes, entrechocam-se no ar, projectando em todas as direcções, flechas irisadas, flocos argenteos, nevoeiros diamantinos, poeira humida.

Transposto o estreito canal, continúa o rio seu curso, oitenta metros abaixo, no fundo da voragem, com violencia, rapidez e impetuosidade indiziveis, despenhando-se ainda em pequenas cachoeiras, fumegante, retorcendo-se em vascas desesperadas, espadanando, pulando, borbulhando, com rufos, estouros, brados surdos, formidaveis e ininterruptos mugidos.

Não ha vivente, que cahindo ali não succumba. O penhasco em que se acha o observador parece agitar-se, tremer, prestes a fugir com a correnteza. E' o verdadeiro inferno das aguas de que falla Byron.

O Niagara, cujas quedas são apenas duas, longe está de ostentar as singularidades, os contrastes, e profusão de quadros de Paulo Affonso que se diria modificar-se e mudar de posição todas as horas.

E, alem de Paulo Affonso, admiram-se no Brazil muitas outras cachoeiras, rivaes do Niagara que, tão bastos como as suas ondas, attrahe visitantes do mundo inteiro.

Taes, por exemplo, o salto do Avahandava, o de Santa Maria, no Iguassú, o de Itapura, o de Sete Quedas, ou Guayra, o de Pirapora, o do Jequitinhonha, o de Itú, todos assombrosos de magestade, força e belleza.

VIII
A floresta virgem

Nas mattas virgens do Brazil, — que occupam espaço igual ao de vastos Estados, — reside um dos espectaculos mais augustos da creação.

Sobrelevam o oceano em mysterio, em diversidade de panoramas, em excesso de vida, em magnificencia que, ao mesmo tempo, acabrunham a intelligencia humana e a arrebatam, accentuando-lhe a idéa das forças superiores regedoras do planeta.

E' a natureza em expansão e liberdade maximas: mares e mares de vegetação prodigiosa, nos quaes cada onda representa um mundo de cousas preciosas e lindas; silencio imponente, ou antes, profundo rumorejo, clamor longinquo, indefinida reunião de harmonias, provocando religiosidade e vago terror; cheiros acres e balsamicos, em abundantes vagas de aromas que o peito haure com delicia, como si fossem remedio para suas miserias e melancolias.

A principio, o olhar não distingue formas precisas na selva ingente, porém massas espessas, esboços de torres, muralhas, trincheiras, abobadas, pyramides, columnas de verdura, formadas de arvores enormes, troncos agglomerados, lianas entrelaçadas, — plantas em baixo, em cima, dos lados, florestas sobre florestas, succussão interminavel de folhagens.

Depois, pouco a pouco, de surpreza em surpreza, vislumbra a portentosa variedade de contornos, dimensões, côres; — configurações brutaes ou mimosas, phantasticas ou grotescas, risonhas ou ameaçadoras. Balouçam-se pennachos, abrem-se leques, arredondam-se umbellas, suspendem-se candelabros, agitam-se flammulas, dependuram-se guirlandas, enristam-se lanças, empinam-se mastros arrogantes, carregados de cordagens e galhardetas.

Eis os jequitibás dominadores, os soberanos da matta. Eis o pau rosa, o pau setim, o pau violeta. Eis os gigantes seculares, isolados, sobranceiros, estendendo a ramagem larga sobre as ramagens inferiores, capazes de abrigarem á sua sombra milhares de pessoas. Eis o jacarandá cognominado pau santo, de tão bello e util. Eis a carnaúba que fornece ao cultivador alimentação, bebida, luz, vestuario e casa. Eis innumeras outras especies de palmeiras esbeltas, hirtas, altissimas, em cuja fronde roçam as nuvens. Eis os cipós e trepadeiras que ora cahem verticaes dos galhos altivos, ora os unem por meio de pontes pensis, ora os amarram uns aos outros, de modo a confundil-os, ora se lhes enroscam em espiraes, ora se distendem como fitas onduladas, ora pendem em festões, ora serpenteiam entre as arvores para, guindados a alturas incriveis, lá em cima, expandir-se e florescer.

Reparai agora nas orchideas, de brilhantes e variegados coloridos, com desenhos symetricos que parecem traçados por artista caprichoso em velludo, seda, metaes foscos ou polidos. Contemplai os caules elegantes, as copas versudas, as ramarias extravagantemente retorcidas, as plantas delgadas, corpulentas, luzentes, de grossura e desenvolvimento sem iguaes, crivadas de flores a ponto de se lhes não descobrir mais um unico sitio verde, parecendo immensos ramalhetes de offuscantes matizes. Observai as folhas, saggitiformes algumas; côr de purpura, côr de fogo; macias e delicadissimas estas, a pedirem caricias; asperas, espinhosas, aggressivas aquellas; largas ou grotescas terceiras. Admirai mil outras flôres, sumptuosas ou humildes, resplandecentes, como estrellas, ou em cachos sanguejantes, — pondo manchas azues, amarellas, roxas, no fundo escuro das balsas.

Não é só no Brazil que pompeiam florestas virgens. Ha-as magnificas na Asia e na Africa. Mas a floresta brazileira se assignala por qualidades especiaes.

Em primeiro lugar, as suas madeiras excedem em formosura e duração ás melhores do mundo. Abundam nella plantas medicinaes e industriaes. Inexaurivel a sua seiva! Não lhe causa differença inverno ou verão. Jamais se despem as arvores; guardam o mesmo viço, dão flores e fructos em qualquer epoca do anno. Vergam ainda ao peso da safra anterior e já rebentam em botões. O agricultor mal lhe póde vencer a energia invasora. Derriba-se a matta; breve nasce outra mais vigorosa na séde da antiga. Pedras qua em toda parte apenas se revestem de musgo ostentam aqui vigoroso arvoredo. Não se notam espaços livres; arbustos rasteiros preenchem os claros. Terra abandonada vê-se logo assaltada pelo matto. Guarnece o chão basto tapete esmeraldino, pontilhado de pequeninas flores. A densidade é estupenda. Avultam as enrediças, os cerrados impenetraveis. A natureza aqui nunca se exgota ou descança. Em creação incessante e infinita, tira da propria morte, dos troncos cahidos, das folhas seccas, novos elementos de vida. Os lugares mais pobres têm o encanto dos velhos parques olvidados.

Não é monotona a selva brazileira. Cada arvore exhibe physionomia propria, extrema-se da visinha: circumspectas ou graciosas, leves ou massiças, frageis ou athleticas. Conforme reflexão de illustre viajante, as mattas brazileiras, unicas tão compactas que se lhes poderia caminhar por cima, representam a democracia livre das plantas, democracia cuja existencia consiste na lucta incessante pela liberdade, pelo ar e pela luz. Preside a essa democracia perfeita igualdade. Não ha familia que monopolise uma zona com exclusão de outras familias ou grupos. Especies as mais diversas medram conjunctamente, fraternisam, enleiam-se. Dahi variedade na unidade, multiplas e diversas manifestações do bello.

Notabilisa-se ainda a floresta brazileira pela ausencia relativa de animaes ferozes. E' muito menos perigosa que as da India. Habitam-n'a incalculaveis populações de mamiferos, abelhas, formigas, cigarras, colibris, lagartos, papagaios, macacos, vagalumes, myriades de borboletas com azas de ineffavel colorido. Em lindas aves é a mais opulenta da terra.

Garridos regatos deslisam por ella, derramando frescor. Cortam-n'a caudalosos rios, tão coalhados de plantas aquaticas que, apezar de profundos, não são navegaveis.

O sol doura simplesmente o cimo das arvores. Não penetra atravez as grossas cortinas verdes sinão do modo crepuscular, produzindo a grave penumbra das cathedraes, ou o lusco fusco das grutas marinhas. Só em espaçadas clareiras avistam-se nesgas de azul. Em geral, a luz soturna e mysteriosa empresta ás cousas feições sobrenaturaes. O conjuncto é sublime.

Todos os sentidos ficam ahi extasiados. Gozam todos os nossos instinctos artisticos. Com effeito, deparam-se-nos na floresta brazileira primores de architectura, de esculptura, de musica, de pintura, e, sobretudo, de divina poesia.

IX
A Bahia do Rio de Janeiro

E', ao mesmo tempo, bahia, collecção de bahias, archipelago, pequeno mar mediterraneo. Para firmar-lhe a primazia, bastava a sua afortunada situação geographica na parte central da America do Sul, a meio caminho entre a Europa, a India e a Oceania, - situação tão favoravel á navegação e ao comercio que fôra mister, diz Robert Southey, todo o mundo civilisado se barbarisasse de novo para o Rio de Janeiro deixar de ser uma das mais importantes posições do globo.

A essa grande vantagem da bahia fluminense, accrescem a sua vastidão, segurança, profundidade de ancoradouro, movimento de embarcações, inexgotavel abundancia de preciosas especies de peixes, e, principalmente, a diversidade e formosura dos panoramas apresentados por suas ilhas, enseadas, promontorios, montanhas e varzeas marginaes, vestidas de riquissima vegetação.

Ha quatro seculos que a visitam constantemente numerosos viajantes, naturalistas, exploradores, negociantes, e, todos, sem uma voz discordante, proclamam-na magnifica, portentosa, motivo de orgulho para o paiz que a possue.

Augusto Fausto de Souza, na obra *A Bahia do Rio de Janeiro, sua historia e descripção de suas riquezas*, colligiu centenas de excerptos das homenagens prestadas por nacionaes e estrangeiros a esse «ponto do universo, onde a mão do Creador parece haver-se esmerado em reunir maior numero de bellezas, accumulando nelle tudo quanto possa encantar os olhos e arrebatar o espirito».

Entre os nomes que ali figuram, notam-se os de celebridades universaes: Bougainville, Jacques Arago, Cook, Dumont d'Urville, Garibaldi, Malte-Brun, Ferdinand Denis, o principe Maximiliano de Neuwied e Carlos Darwin que habitou Botafogo, em 1832.

Elevam todos enthusiasticos hymnos á bahia do Rio de Janeiro, declarando-a uma das maravilhas da natureza, superior ás mais famosas, como o golpho napolitano, o Bosphoro, as margens do Rheno, os lagos da Suissa e da Escossia, as praias do Mediterraneo.

Exclamam alguns que viram nella a mais encantadora paysagem da terra, a que mais enche a alma de deliciosas sensações; confessam-se outros impotentes para descrever o que experimentaram ante as tintas deslumbrantes e as feições do espectaculo presenciado; affirmam outros haver concebido, não pasmo perante tamanha magnificencia, e sim uma exaltação religiosa, um santo respeito para com a infinita grandeza do Creador, comparada ao nada da creatura humana; testemunham outros que ahi se reunem as fórmas felizes do universo, as possiveis combinações do pittoresco, tudo quanto a phantasia dos artistas tem sonhado de magico e seductor; opinam outros que marca epoca numa existencia a primeira entrada nessa bahia, que não póde ser imaginada por quem não a viu, parecendo fabulosa aos mesmos que a estão admirando.

E', na realidade, um prodigio de lindeza, quer observada no seu conjuncto magestoso, quer em insignificantes particularidades.

Do alto do Corcovado, um dos morros que a dominam, descortina-se panorama surprehendente, unico.

Avistam-se as duas cidades fronteiras edificadas nas margens, — Rio de Janeiro e Nictheroy. No centro, graciosa multidão de ilhas, — estas isoladas e desertas, aquellas em grupo e povoadas, méras pedras escalavradas aqui, adiante reçumantes de verdura. Entre as ilhas, centenas de navios; no fundo, em amphitheatro, circumdando a enorme bacia, as colinas cobertas de mattas; além — as fortalezas, o mar alto, novas ilhas, situadas fóra da barra; horizonte infinito, emfim, a confinar no firmamento, que corôa tudo, quasi sempre guarnecido de sereno e purissimo azul.

Orla as aguas mansas phantastica mistura de altos rochedos, florestas, casas, mastros, templos .

A forma total da bahia do Rio de Janeiro, — triangulo de lados irregulares, — representa, em menor escala, a configuração geral do Brazil.

Sua disposição, a diaphaneidade de sua atmosphera determinam magnificos effeitos de luz, no nascimento e occaso do sol, imprevistas e esplendidas gradações de côres, desde o doirado offuscante até o azul ferrete, passando por vivissimo carmim.

A partir da entrada da barra até os cáes das duas cidades, ha uma successão de accidentes naturaes, dispostos de geito a formarem formidavel e completo systema de defeza, organisado pelo Creador.

Resguarda a costa, em consideravel extensão, para o norte e sul, compacta cortina ou muralha de serranias, fendida apenas de ligeira abertura, á guiza de um portico, em cada lado de cujos humbraes empinam-se elevados montes, de fórma singular, o Pico de Santa Cruz e o Pão de Assucar. Sem os dois collossaes atalaias, ou porteiros, não se perceberia o intersticio que dá ingresso. Distinguem-se de longe, servindo de guia.

A' esquerda da entrada, extraordinaria disposição de montanhas apresenta a figura exacta de um desmedido vulto humano, suspenso sobre as ondas, deitado de costas. Appellidam-n'o o *Gigante de Pedra* ou o *Gigante que dorme.* Descobrem-lhe traços do perfil burbonico.

Na extrema da bahia, alça-se a serra dos Orgãos, assim designada porque os seus picos lembram os tubos desse instrumento. São alguns recortados como rendas, ou esguios como estyletes. Um delles chama-se com justeza o *Garrafão;* outro — a *Cabeça de Negro.* Destaca se o que aponta o ceu, á similhança de um dedo. E' o *Dedo de Deus.*

X
Mais bellezas do Brazil

Infindos campos, tapizados de macia e fresca relva, suavemente ondulados, constellados de flores selvagens, povoados de codornas e perdizes e aprasiveis em qualquer estação; as pampas do sul, patria do tufão, no dizer de Alencar, incommensuraveis savanas nuas de face impassivel, sem rugas nem sorrisos, atravessadas por armentos de poldros indomitos e pelo gancho, de originalidade, bravura e independencia legendarias; amplas cavernas cheias de mysterio; elevados picos, facilmente accessiveis, donde se descortinam perspectivas soberbas; centenas de angras recortadas com esmero artistico; jardins incomparaveis; flora opulenta; fauna inestimavel, sobretudo em materia de aves, notaveis pela delicadeza das formas, sumptuosidade das plumagens, doçura do canto e primor da nidificação, — aves que não emigram de bem que se acham onde nasceram: eis outras bellezas do Brazil, digna cada qual de lhe assignalar posto de primazia no mundo.

A belleza é privilegio divino, suprema força. As cousas verdadeiramente bellas sempre vencem, angariam respeito e estima de todos. Quantas regiões não se salientam apenas pelo seus attractivos de formosura, naturaes ou productos da arte, e delles vivem? A Grecia, a Suissa estão nesse caso: exercem a soberania da belleza; tiram dahi preciosas vantagens, a principal razão de ser.

O Brazil reune em si as bellezas esparsas em toda parte. E são bellezas que não passam, apreciadas em qualquer epoca, superiores ás dos Pantheons e Colyseus; sobranceiras ás injurias dos seculos e aos caprichos do gosto, — eternas.

Devem ter ufania os filhos de uma terra assim dotada. O bello é a fonte essencial do amor. Amemos apaixonadamente o Brazil, pelas suas lindesas sem par.

XI
Terceiro motivo da superioridade do Brazil: a sua riqueza

A riqueza do Brazil é proporcional á sua extensão e á sua belleza: extraordinaria.

Que é a riqueza? Houve epoca em que se aquilatava a riqueza de um paiz pela quantidade de metaes preciosos nelle encontrados.

A' luz desse criterio, torna-se incontestavel a procedencia de nossa Patria. Abundam em varias regiões do seu territorio minas de ouro e jazidas diamantinas.

Uma das suas grandes divisões politicas chama-se significativamente Minas-Geraes, e ha lugares denominados, com propriedade, Ouro Branco, Ouro Preto, Ouro Fino, Diamantina.

A par do ouro e do diamante, acham-se no Brazil todas as preciosidades mineraes.

Dir-se-hia o seu solo um immenso escrinio de gemmas. Com materiaes exclusivamente brazileiros se construiriam maravilhosos palacios e se fabricariam as mais finas e custosas joias.

Disse um sabio que Minas-Geraes representa um peito de ferro com um coração de ouro. Elevam-se ali montanhas daquelle metal.

De Minas-Geraes extrahiu-se, no correr de mais de um seculo, enorme quantidade de ouro que encheu o Erario da metropole, permittindo-lhe ostentoso fausto e a edificação de notaveis monumentos, quaes o convento de Mafra e o aqueducto de Lisboa.

Em certos pontos, ainda hoje, até a poeira dos caminhos é aurifera.

Deparam-se ao viajante extensas zonas excavadas á procura do ouro, nos tempos coloniaes.

Não estão exgotadas. Por meio de processos primitivos, pouco se alcançou.

Venham os apparelhos modernos, labore-se scientificamente o terreno, e magnificas remunerações se hão de receber, como já vai succedendo.

O Brazil deve tornar-se o verdadeiro El-Dorado que tanto nelle buscaram os antigos aventureiros.

E' brazileiro um dos maiores diamantes conhecidos, o maior do Novo Mundo, a Estrella do Sul, achado no municipio da Bagagem, Minas-Geraes, pedra que muda de cor, de rosea a branca, conforme a sua exhibição á luz.

Muito admirada na exposição de Paris, em 1855, pertence hoje a um principe indiano, o Rajah de Baroda.

XII
Riquezas naturaes do Brazil

Demonstraram os economistas não constituirem os mineraes preciosos a unica nem a principal fonte da riqueza de um paiz. Entraram a sustentar que a lavoura e a industria pastoril valem mais que o ouro o os diamantes, consistindo a verdadeira riqueza na abundancia dos productos indispensaveis á manutenção da vida.

Ainda, sob esse novo aspecto, é immensa a riqueza do Brazil que póde produzir tudo quanto reclamarem as necessidades physicas do homem.

Innumeras a suas plantas aproveitaveis na alimentação, na industria, no commercio, na medicina.

Entre as palmeiras, denominam os indios algumas – *arvores de vida,* de tão uteis, pois fornecem material para embarcações e varios utensilios, fibras para tecidos, fructos doces e nutritivos, licor refrigerante e agradavel, emquanto as largas folhas servem para cobrir, em lugar de telhas, as habitações feitas com pranchas das mesmas arvores. Possuem, de mais, uma especie de cera, de que se fabricam velas para a illuminação.

Nas enormes mattas brazileiras, quantas resinas e balsamos de preço, quantas deliciosas arvores fructiferas! As dos seringaes, indigenas, e as do café, exoticas, mas perfeitamente acclimadas, são genuinos thesouros vegetaes.

Ha a *arvore do pão*, a *arvore do papel*, a *arvore da seda*, a *arvore do leite*, cujos fructos, folhas, fibras ou succos, offerecem as propriedades e as applicações das especies de que lhes proveio o nome.

O milho e a mandioca já eram cultivados pelos indios. O arroz é sylvestre em varias regiões. Prestam-se a qualquer cultura as terras do Brazil, de fertilidade proverbial. Verdadeira maravilha a uberdade da terra roxa que o calor e a humidade bastam a fecundar. As larangeiras produzem, sem trato. Nalguns pés, em Matto Grosso, as laranjas, já muito doces, que murcham no galho, reamadurecem dulcissimas, — verdadeira resurreição. O solo compensa larga e generosamente, — *agradece*, na phrase popular o mais leve cuidado que se lhe consagre. As sementes plantadas adquirem maior força productiva que alhures. Ao lavrador é facil tirar das suas terras tudo quanto precise, excepto sal, de que, aliás se encontram no Brazil grandes jazidas. Quasi todas as culturas dão duas colheitas annuaes.

Um paiz assim está em condições de se tornar o celleiro do mundo.

Ha nelle, em climas diversos, vastas pastagens, fartamente regadas, ás quaes se adaptam todas as raças de animaes uteis. Já importante, a industria pastoril destina-se a abastecer a Europa, pois é susceptivel de desenvolvimento extraordinario.

Tribus selvagens vivem exclusivamente da caça e da pesca, tão profusas que permittiram outr'ora as longinquas expedições dos bandeirantes, desprovidos do tudo.

Confia-se á natureza a criação do gado, de que milhões de cabeças povoam os campos. Consiste o só trabalho do proprietario em reunir, uma ou outra vez, no lugar adequado, os rebanhos para marcar as crias e apartar as rezes vendidas.

E as abelhas que compõem delicioso mel? E as tartarugas de carne saborosa, cujos ovos fornecem manteiga, e cuja casca serve para o fabrico de objectos de arte, utilisação também peculiar a muitos insectos brazileiros?!

Encontra-se no Brazil materia prima para quaesquer manufacturas. Durante a guerra do Paraguay, com elementos exclusivamente nossos, construimos em poucos mezes, nos arsenaes do Rio, excellentes vasos de guerra. Os gigantes das nossas florestas servem, como nenhuns outros, para a construcção de navios, casas e moveis de luxo. Conquistam as suas madeiras o primeiro lugar nos concursos internacionaes, subindo a milhares as especies classificadas, famosas pela belleza e resistencia. Encheria volumes a sua simples enumeração, de que só ministraria idéa um tratado de botanica.

Em summa, sub-solo, solo, ares, selvas, aguas, está tudo no Brazil cheio de vida, e vida é riqueza. Não depende elle do resto do globo. Poderia, si quizesse, erguer, sem prejuizo material, em torno das suas fronteiras, a muralha da China.

XIII
Mais riquezas do Brazil

Segundo o criterio hoje dominante, considera-se nação rica a que possue grande somma de utilidades. O Brazil possue-as todas.

Recordai a sua extensão territorial, o seu completo systema hydrographico, a multiplicidade de seus portos, a sua posição geographica, tocando em todos os paizes da America do Sul, á excepção do Chile, (o que o torna o traço de união entre elles), a sua proximidade dos grandes centros, os seus thesouros em phosphatos e em aguas mineraes; considerai que as suas vias de communicação augmentam diariamente, bem como a sua actividade commercial e industrial, pelo simples movimento da população, movimento ascendente que nunca estacionou e menos retrocedeu; observai que o operario nacional, muito intelligente, apprehende com rapidez o ensino technico; que se estabeleceu uma corrente immigratoria para a nossa Patria, corrente cujo accrescimo depende apenas da boa vontade da administração; que, emquanto na Europa a area das terras cultivadas se estreita e esgota, esbarrando a vida em difficuldades sempre aggravadas, entre nós se dá o contrario e, a despeito de crises fataes, iniciam-se culturas novas, dilata-se a zona productora; ponderai tudo isso e reconhecereis que o Brazil offerece immensas vantagens á economia geral do genero humano, e repetireis, com Robert Southey, que só a mais extrema e obstinada prevaricação da parte do governo, ou a mais cega e culpavel impaciencia da do povo poderão subverter a influencia e a prosperidade do Brazil.

Em nosso conceito, nem assim. Aquelles maus elementos poderão retardar; nunca impedir a predestinação do Brazil a grandes cousas.

Mas, — objectar-se-ha, — apontastes apenas facilidades naturaes, e facilidades naturaes não são riqueza, sem que o trabalho as aproveite e valorise.

E' exacto. As facilidades naturaes do Brazil, porém, já estão sendo exploradas e sel-o-hão fatalmente, em grau condigno da sua importancia, sob a pressão inevitavel da necessidade e da concurrencia. A lucta pela vida cada dia se torna mais aspera no velho mundo. O Brazil é immenso repositorio de recursos, inexhaurivel arsenal para os industriosos, refugio sem igual aberto aos necessitados.

As nossas condições economicas hão de ser breve forçosamente aproveitadas, em virtude da acção de forças inflexiveis. Accresce que circumnstancias especiaes operam no Brazil a distribuição da riqueza conforme as leis naturaes do trabalho, o que, numa sociedade laboriosa, sufficientemente esclarecida, onde a liberdade de cada um seja protegida contra a fraude e a violencia, é o ideial, no dizer dos economistas.

Não conhecemos proletariado, nem fortunas colossaes que jamais se hão de accumular entre nós, graças aos nossos habitos e systema de successão. Nem argentarismo, peior que a tyrannia, nem pauperismo, peior que a escravidão.

Nem cumiadas, nem abysmos, nem transições bruscas, nem, portanto, desespero em baixo, porque se póde sempre esperar attingir o grau superior, nem desdem soberbo no alto, porque este se acha mui vizinho do grau inferior, não sendo licito aos que ahi se vêem considerarem-se de especie diversa da dos seus similhantes menos bem collocados.

No Brazil, com trabalho e honestidade, conquistam-se quaesquer posições. Encontra-se a mais larga accessibilidade a tudo, no meio de condições sociaes unicas, sem distincção e divergencia de classes, em perfeita communicação e homogeneidade da população. A esperança constante de uma situação melhor anima a todos, e é esse o efficaz incentivo da industria humana.

Temos, pois, o estado mais propicio ao progresso da riqueza publica. No Brazil, o trabalho anda a procura do homem e não o homem á procura d trabalho.

Ninguem, querendo trabalhar, morrerá de fome Parece paiz de millionarios, tão largamente se gasta.

Por conseguinte, é incontestavel a superioridade economica do Brazil, material e moralmente aquilatada. Tudo nelle tende a crescer, a subir. Nenhum perigo sério lhe ameaça o desenvolvimento, nenhuma chaga o corróe, como acontece á Europa, sob o receio permanente de uma guerra, e minada, como tambem os Estados Unidos, pela extrema riqueza e pela extrema indigencia, fontes de invejas e desprezos.

No balanço geral do Brasil, figura esta verba compensadora de quaesquer desfallecimentos: Futuro!

XIV
Quarto motivo da superioridade do Brazil: variedade e amenidade de seu clima

Em consequencia de sua enorme extensão, ha no Brazil grande variedade de temperaturas, que, entretanto, parte e estação algumas, attingem graus extremos. Raros os casos de insolação ou congelamento. O inverno não exige entre nós as precauções e despezas dos outros paizes. Sem embargo, o clima do Brazil é muito calumniado pelos que o não conhece ou têm interesse em o deprimir.

Em tres zonas costumam dividir o nosso paiz quanto ás condições climatologicas: a tropical, a sub-tropical e a temperada.

Na primeira, cujas regiões mais quentes são Pará e Amazonas, não reina o calor que se imagina, em razão de se acharem junto ao equador. Na mesma latitude encontram-se lugares de clima differente. Pará e Amazonas excedem em tudo as outras regiões tropicaes do mundo, quaes a India, a Polynesia, parte da Africa.

A estas affligem-n´as seccas prolongadas que destroem a vegetação e matam o gado, chuvas torrenciaes, terriveis tufões, pestes, mil enfermidades. Em Nova York e em Philadelphia faz calor mais suffocante que no Amazonas e Pará, onde a uniformidade da temperatura, o brilho da atmosphera, a perpetua verdura das florestas, os numerosos rios, as fortes brisas vindas do mar, as chuvas brandas e regulares, ás vezes quotidianas, e em todos os mezes, a ausencia de rijos temporaes, modificam o ardor solar, purificam o ar, tornam docemente balsamicas as noites, não prejudicam a saúde.

Muitos viajantes estrangeiros classificam o clima do Pará e do Amazonas entre os melhores da terra. Nesses lugares não causa damnos molestia alguma endemica.

Accusam-n'os de produzir impaludismo. Mas o impaludismo ali não é mais grave ou mais commum do que em outros pontos bem reputados. Grassa propriamente nas cabeceiras dos rios, florestas pantanosas e terras baixas, tomando a forma intermittente, não a perniciosa ou typhica. Diminue ou desapparece onde se observe hygiene. Notaveis estrangeiros têm percorrido o Amazonas, indemnes de qualquer enfermidade. Agassis, um delles, attribue o impaludismo á falta absoluta de hygiene, ou antes á violação systematica de todos os preceitos de hygiene pelos habitantes. Si não fôra a febre palustre, — affirma outro, — o Amazonas seria o paraizo dos invalidos. O facto é que a população augmenta ali, em vez de decrescer, e é talvez a mais venturosa do Brazil. Predisse Humboldt que no Amazonas ha de residir o centro na civilisação humana.

Adapta-se facilmente o estrangeiro, com alguma hygiene, ao clima da zona sub-tropical.

No Ceará, onde, aliás, existem pontos saluberrimos, refugio de tuberculosos, nota-se o phenomeno das seccas periodicas, fataes, de dez em dez annos, á criação e á cultura. Essa calamidade, porém, não é insuperavel. Podem ser evitados os effeitos das crises della oriundas, pelos esforços da administração e pelos recursos da sciencia.

Em muitos pontos da zona mais quente, goza-se graças á altitude, do mais suave clima europeu.

Quanto á parte extra tropical, seu clima temperado excede ao da Europa e o dos Estados Unidos.

Falla-se muito em febre amarella que assola alguns pontos do littoral e do interior. Mas cumpre considerar, nos dizer dos competentes, que: 1.° A febre amarella não é producto do nosso sólo, porém foi importada de paizes onde grassou, com violencia jamais vista entre nós, sendo afinal debellada; 2.° Só devasta porção insignificante do Brazil, nunca chegando a certas alturas; 3.° Mesmo nessa porção tem desaparecido, por largo periodo; 4.° Tudo induz a crer que, com melhoramentos materiaes, a par de hygiene publica e particular, desapparecerá totalmente, voltando o Rio de Janeiro, seu principal fóco, a ser considerado, como já o foi pela marinha ingleza, estação saudavel, — mera questão de tempo e perseverança; 5.° A mortalidade da febre amarella é relativamente pequena comparada á de outras molestias endemicas em famosas cidades e capitães opulentas.

S. Paulo, Rio Grande do Sul, Paraná, Santa Catharina, Minas Geraes, circumscripções territoriaes equivalentes a vastos paizes, desfructam no geral delicioso clima. Vivem ali os europeus melhor que em suas patrias. A natalidade attinge em certos pontos admiraveis proporções, excedendo de muitos obitos. Abundam casos de longevidade.

E' vulgar o costume patriarchal de reunirem as avós á sua mesa centenas de descendentes.

Cicatrizam mais depressa que nos hospitaes do velho mundo feridas e amputações, realizando-se curas maravilhosas. O clima de Minas Geraes resuscitou e dilatou a vida ao sbio Pieter Wilhelm Lund que vindo tysico de sua patria, a Dinamarca, morreu na mais avançada idade em Lagoa Santa, celebrisando-se pelo descobrimento que effectuou do homem fossil nas grutas calcareas daquelle sitio. Mais de um milhão de estrangeiros de varias raças e procedencias, — russos, allemães, italianos, polacos, syrios, — domiciliaram-se e prosperam nas plagas meridionaes do Brazil.

Em summa: é excellente a média do clima do Brazil. Nenhuma molestia lhe é peculiar ou exclusiva. Nenhum problema sanitario se lhe apresenta insoluvel, nem de difficil solução. A temperatura não incommoda ou acabrunha o homem, exigindo-lhe sacrificios.

XV
Quinto motivo da superioridade do Brazil: ausencia de calamidades

Immenso como um continente, não conhece o Brazil nenhum dos grandes flagellos que, em outras regiões, sóem produzir milhares de victimas.

Privilegiado da Providencia, não registra a sua historia uma só dessas terriveis catastrophes, communs a quasi todos os povos, quer na ordem material, quer na moral.

Não ha cyclones, como nos Estados Unidos, inundações, como na Hespanha, fomes e pestes prolongadas, como em tantos pontos da Europa e da Asia.

De terremotos não se aponta noticia, nem vestigio. Vulcões, nem apagados, nem traços de extinctos. Nevoeiros persistentes não envolvem as nossas costas, onde raros naufragios ocorrem. Na consideravel extensão dessas costas, não são de receiar nem rochedos occultos, nem correntes traiçoeiras, nem sorvedouros, nem furacões.

Os perigos, estão reduzidos aos inevitaveis e inherentes á situação humana.

Quasi todos os numerosos portos offerecem facil abrigo.

Já assignalamos que nas florestas são relativamente em numero insignificante os animaes ferozes. Os que existem raro aggridem o caminhante. Limitam-se a defender-se, tirando escassas vidas, fazendo estragos de pouca monta.

Em summa: offerecendo ao homem condições de vida sem igual, a natureza brazileira em nada lhe é hostil ou aspera. Póde o habitante confiar nella, com segurança. Não o trahe, não o surprehende, não o amedronta, não o maltrata, não o afflige. Dá-lhe tudo quanto póde dar, mostrando-se-lhe sempre magnanima, meiga, amiga, maternal.

XVI

Sexto motivo da superioridade do Brazil: excellencia dos elementos que entraram na formação do typo nacional

E' hoje verdade geralmente aceita que, para a formação do povo brazileiro, concorreram tres elementos: o selvagem americano, o negro africano e o portuguez.

Do cruzamento das tres raças resultou o mestiço que constitue mais de metade da nossa população.

Qualquer daquelles elementos, bem como o resultante delles, possue qualidades de que nos devemos ensoberbecer. Nenhum delles fez mal a humanidade ou a deprecia. E si não, vejamos.

Na carta em que Pero Vaz de Caminha communica a El-Rei D. Manoel o descobrimento de Cabral, narra elle o primeiro encontro entre a gente civilisada e os aborigenes.

Conforme já accentuou uma voz eloquente em occasião solemne (a abertura do Congresso Juridico Americano, de 1900) as impressões oriundas desse primeiro encontro foram todas favoraveis aos indios. Mostraram-se bondosos, serviçaes, confiantes, sociaveis, no seu amistoso acolhimento. A um aceno, depôem as armas. Não trepidam alguns em dormir nas naus recem-vindas e desconhecidas. Recebem outros em suas miseras choças os portuguezes que se embrenharam pela nova terra. Restituem, á mais leve reclamação, objectos subtrahidos. Entabolam relações pacificas, sem violencia nem fraude. Ajudam os hospedes a conduzir para o sitio mais proprio a cruz talhada na floresta virgem. Assistem respeitosos á missa e ao sermão de Frei Henrique, imitando os gestos devotos dos christãos. Tratam com humanidade os degredados deixados nas suas plagas e esses degredados vivem serenamente, entre elles, formam familia, desposando indias. Revelam, numa palavra, nobres e raros predicados.

E sempre succedeu mais ou menos assim. Revoltaram-se quando se lhes procurou tirar a independencia, submettendo-os á servidão.

Pondo de parte certas tribus nativamente ferozes, o geral dos nossos aborigenes manifestou de ordinario boas disposições, accessiveis á catechese dos missionarios, jámais refractarios á melhoria. Houve os que trucidaram o bispo naufrago D. Pero Fernandes Sardinha e cerca de 100 pessoas de sua comitiva, conservando-se a tradição de que, depois desse dia, nenhuma flor ou herva nasceu mais no lugar, — outr'ora fertil e bello, — da medonha hecatombe. A crueldade, porém, era excepção.

Praticavam largamente a hospitalidade. Todos os chronistas e historiadores nacionaes notam-lhes os habitos hospitaleiros, devidos talvez a superstições religiosas. Entre as attribuições do cacique figurava a de acolher e guiar os hospedes da taba.

No meio dos selvagens ou descendentes de selvagens brazileiros, sobresaem não poucos homens notaveis.

Tebyriçá, sogro de João Ramalho, muito auxiliou os jesuitas.

Ararigboya ajudou os portuguezes a repellirem os francezes do Rio de Janeiro.

De Ararigboya narra um historiador que indo visitar o governador Salema, deu-lhe este cadeira e elle se assentou cavalgando uma perna sobre a outra conforme costumava. Advertiu-lhe o governador por meio do interprete não ser aquella boa cortezia quando falava com representante d'El-Rei. Não sem colera e arrogancia respondeu o indio: «Si tu souberas quão cançadas eu tenho as pernas das guerras em que servi a El-Rei, não extranharas dar-lhes agora este pequeno descanço, mas já que me achas pouco cortezão, eu me vou para a minha aldêa, onde nós não curamos destes pontos, e não tornarei mais á tua côrte.»

Cunhambebe foi amigo de Anchieta. O pai de Cunhambebe, chefe tamoyo, celebrisou-se como almirante de uma esquadrilha de canôas muita vez victoriosa em combates com os navios portuguezes.

Jaraguary, conforme narra Southey, foi accusado pelos portuguezes, de quem era alliado, durante a guerra contra os hollandezes, de haver desertado para estes. Protestou, allegando ter ido buscar entre o inimigos a mulher e os filhos. Increduleos, mettem-n'o os portuguezes 8 annos num carcere, donde o tiram es hollandezes victoriosos. Vendo-se solto, dirige-se á sua tribu e lhe diz: «sangram ainda os signaes das minhas cadeias; mas é a culpa, não o castigo que infama. Quanto peior me trataram os portuguezes tanto maior será o vosso e o meu merecimento conservandonos fieis ao serviço delles, especialmente agora que o inimigo os aperta.» E, de facto, levou aos seus condemnadores forte contingente.

Jaraguary era tio de Antonio Philippe Camarão, Poty, um dos heróes da epopeia Pernambucana. Taes os serviços de Camarão, que Philippe IV de Hespanha concedeu-lhe o titulo de dom, a commenda de Christo e o posto de governador e capitão general de todos os indios. Pintam-n'o os contemporaneos affavel com os seus subordinados, cortez com estranhos, cheio de dignidade com os superiores, sempre preoccupado de manter illéso o decóro.

Quando Antônio Vieira foi preso no Pará por um motim triumphante contra os jesuitas, só uma india que lhe era agradecida ousou levar-lhe alimento ao calabouço, atravez as sentinellas furiosas. Ameaçaram a coitade de ir queimar lhe a choça. «Queimem, respondeu; com o fogo cozinharei a comida para o padre.»

Assim, sem exaggeros de fantasia, encontram se na historia dos nossos indios traços sublimes. E quanta figuras lendarias, como a de Paraguassú, afilhada do Catharina de Medicis, levada á França por seu esposo Diogo Alvares, o Caramurú, e a de Moema, apaixonada do mesmo, seguindo a nado o barco em que elle ia, até exhausta, desapparecer nas ondas?!

O proprio governo da metropole reconheceu officialmente a superioridade dos indigenas brazileiros (alvará de 4 de Abril de 1755) determinando que os vassalos do reino na America que casassem com indias, não ficariam por isso com infamia alguma, antes se fariam dignos da attenção regia, e quando alguns filhos ou descendentes desse matrimonio trouxessem requerimentos perante El-Rei, lhe fizessem saber esta qualidade para, era razão della, attendol-os mais particularmente.

João Francisco Lisboa faz curioso parallelo entre os costumes dos selvagens brazileiros e os dos antigos germanos, immortalisados por Tacito.

XVII
Costumes curiosos dos indios do Brazil

Notam-se particularidades muito interessantes nos costumes das varias tribus de indios ainda existentes no Brazil.

Os *coroados*, nas bandas do Paraguay, vivem em pequenas communidades, passam em pirogas a metade da existencia. Approximam-se do typo caucasico; encontram-se entro elles bellos exemplares varonis e formosas mulheres.

São nomades os *muras*, sem noção alguma de cultura do solo. Habeis pescadores, mergulhadores insignes, apanham tartarugas a nado, prendendo-as pelas patas. Fazem inhalações de certas plantas, agarrando-se dois a dois e insufflando-se mutuamente os vapores aromaticos no nariz. Caem as vezes desmaiados, outras mortos, depois de gritos e gestos freneticos o um fluxo desordenado de palavras loucas. Outras vezes reunem-se aos pares e se açoitam até ao sangue, como os fakirs da India.

Os canoeiros do Amazonas fallam de uma raça mysteriosa de albinos que só apparecem á noite.

Alguns não conhecem os metaes, e para elles o cão não é um animal domestico. Trazem os corpos cobertos de pittorescas tatuagens. Entretêm outros grande familiaridade com os animaes, tornando as aldeias verdadeiros jardins de acclimatação. As onças são ahi inoffensivas. Serpentes gigantescas guardam as cabanas.

Costumam outros fazer devorar os cadaveres por piranhas carnivoras e vorazes. Enterram outros os mortos de pé, a cabeça saliente, de modo a lhes metterem alimentos na boca.

Distinguem-se os *cayapós* pelo seu espirito industrioso, pugnaz, cioso de liberdade e independencia. Andam totalmente nús os *apinangés*, de elevada estatura, palpebras obliquas, figura mongolica. Os *carayas* observam rigorosamente a fidelidade conjugal, queimam as adulteras, não bebem alcoolicos, não mentem. Para obter ordem nas familias, fundaram uma instituição especial, unica no mundo: nomeam um marido das viuvas, sustentado pela communhão, dispensado de todos os trabalhos, guerras e expedições dos outros homens da tribu.

Varias hordas servem-se de uma linguagem symbolica. A juxtaposição de certos objectos significa uma narrativa ou uma mensagem. Não raro, empregam esse meio para ameaçar os brancos. Armas plantadas no solo importam declarações de guerra. O numero de entalhas praticadas nessas armas designa os dias em que devem romper as hostilidades.

Entre os *bororós*, somente pode casa-se quem houver morto um jaguar. Celebrisam se os *guatós*, habeis canoeiros, pelos seus ciumes. Só é licito ás mulheres faltarem aos estrangeiros, com os olhos voltados para o marido. Mostram-se, entretanto, strictos cumpridores das leis da hospitalidade e da fé jurada: nunca trahem. Domesticam de tal forma as feras que parecem fascinal-as.

Os *guaycurús*, eximios cavalleiros roubam mulheres e crianças, combatem á moda dos beduinos. Reputam-se o primeiro povo do mundo, admittindo apenas relações com estrangeiros para receber delle tributo de vassalagem. Conhecem distincções de classes: nobres, plebeus e escravos. Os nobres desposam sómente mulheres de sua ésphera. Dispõem as tendas conforme a primazia. A' morte de um nobre, effectuam-se grandes solemnidades. Collocam-lhe no tumulo o arco, as flexas, a massa, a lança, os ornatos de guerra, e, depois, matam ao lado delle, o cavallo que elle amava.

Os *mundurucús*, altos, fortes, musculosos, tez clara, usam tatuagens que variam segundo os grupos e tribus. Ligam tal importancia a essa pintura do corpo que se reune o conselho de familia para assentar no plano, cuja execução dura ás vezes dez annos. Os velhos tatuados inspirara profundo respeito aos jovens. Altivos, afidalgados, cumprem rigorosamente a palavra dada. Produzem trabalhos artisticos de pennas. Mesmo em tempo de paz, têm organisação militar e recrutamento. Durante as guerras, atacam de dia, ao som do tambor, que lhes regula os movimentos. Usam de uma condecoração o *pariuate-ran, de pariuate* — inimigo e *ran* — cinto. Consiste numa cinta de algodão tecido e armada com dentes arrancados a uma cabeça de inimigo. O chefe da tribu concede o uso dessa cinta não só aos valentes, feridos no campo de batalha, como a viuvas e filhos de heróes. A ceremonia da concessão effectua-se com grande apparato, perante a tribu reunida. Seu effeito não é meramente decorativo. Quem merece o *pariuate-ran* recebe uma especie de pensão vitalicia. Os agraciados deixam de trabalhar. Sustenta-os a tribu, a titulo de recompensa publica pelo serviço prestado.

XVIII
Os negros

Os negros africanos, importados no Brazil desde os primeiros tempos do descobrimento, sempre se mostraram dignos de consideração, pelos seus sentimentos affectivos, resignação stoica, coragem, laboriosidade. Devemos-lhes immensa gratidão.

Foram os mais uteis e desinteressados colonisadores da nossa terra que fecundaram com o seu trabalho. Animavam-n'os instinctos de independencia, como prova a formação dos quilombos de Palmares. Sacrificaram-se, entretanto, aos seus senhores, nem sempre benevolos, mas, em todo caso, menos barbaros que os de outros paizes, especialmente os dos Estados Unidos. As negras eram geralmente as amas de leito dos filhos dos brancos, e, obrigadas a abandonar a propria prole pela alheia, tratavam esta com devotamento e carinho extraordinarios. Nas nossas guerras, os negros bateram-se como herões.

Contribuiram tantos serviços para que no Brazil jámais houvesse preconceito de côr. Já nos tempos coloniaes, determinava o rei (provisão de 9 de Maio de 1731) que o accidente da côr não constituia obstaculo para que um homem exercesse o cargo de procurador da corôa. Por alvará de 12 de Janeiro de 1733, approvava ter um governador alistado, nos corpos de infanteria de ordenanças, pardos com brancos, sem distincção, confiando que os primeiros o servissem com o mesmo zelo e fidelidade dos segundos. Nos Estados Unidos, mesmo agora, a desigualdade social entre pretos e brancos subsiste até depois da morte; em certos lugares ha cemiterios differentes para uns e outros! Durante o reinado de D. Pedro II varios descendentes de africanos mereceram condecorações e titulos nobiliarchicos.

Que bella galeria de negros e filhos de negros illustres a que apresenta o Brazil! Eis José Maurício Nunes Garcia, genio musical, amigo de D. João VI; Marcilio Dias, intrepido marinheiro que deu seu nome a um dos vasos da nossa armada; André Rebouças que, depois de derribada a monarchia, redemptora da sua raça, acompanhou a familia imperial banida, deixando commodos, posição, parentes, para ir morrer miseravelmente no voluntario exilio; Luiz Gama, exescravo, que se torna eximio advogado, um dos proceres do abolicionismo; Justiniano da Rocha e Ferreira de Menezes, inspirados jornalistas; e o legendario Henrique Dias que, dez vezes ferido, perdendo uma das mãos na guerra contra os hollandezes, exclama que cada um dos cinco dedos restantes batalharia como nova mão por seu Deus e pela sua Patria!

Henrique Dias recebeu do governo portuguez o titulo de governador e de mestre de campo.

Para honrar a sua memoria, ordenou a corôa que em varias capitanias se organisassem corpos de soldados o officiaes todos pretos, com o nome de *regimento dos Henriques*. Durou essa instituição até depois da independencia.

Em Pernambuco, os regimentos eram dois: o dos velhos e o dos novos Henriques. Nem officiaes nem soldados percebiam soldo. Bastava-lhes a honra de alli servirem.

XIX
Os portuguezes

A historia não regista noticia de um povo que, com menos recursos, mais fizesse do que o portuguez. Larga é a sua contribuição para o progresso humano, que nunca empeceu. Subjugou o mar tenebroso, dilatou o perimetro aproveitavel do planeta; e, sendo um dos mais diminutos e menos povoados reinos da Europa, formou esse colosso — o Brazil. Dá mostras de injustiça e ingratidão o brazileiro que ataca ou deprime Portugal.

Que é que constitue a grandeza de um povo? Seus serviços a humanidade? Portugal os prestou, como nenhuma outra nação, com as suas viagens e descobrimentos.

A sua litteratura, a sua arte?

Portugal creou o estylo gothico manoelino; possue Camões, uma das summidades do pensamento universal.

A sua heroicidade, a sua resignação, o seu esforço?

Uma vez unica o solo portuguez soffreu a conquista de hostes estrangeiras, pois o dominio de Hespanha durante 60 annos legitimou-o o direito de successão. Napoleão, o dominador da Europa inteira, mandou para lá suas mais aguerridas tropas e mais famosos generaes. E em Portugal começou o declinio das victorias napoleonicas. A familia real de Bragança não se humilhou — unica no velho mundo com a da Inglaterra — ao grande guerreiro, mas, ao contrario, estorvou-lhe os planos, como elle proprio o reconheceu em Santa Helena. O general Junot foi batido e aprisionado em Portugal; Soult e Massena, em toda parte triumphantes, viram-se obrigados a retirar-se diante da indomavel bravura e tenacidade lusitanas. Si exercitos francezes invadiram o territorio portuguez, tambem uma divisão portugueza invadiu a França e occupou cidades francezas sob o commando de Wellington.

Onde quer que os portuguezes fixem domicilio, na Asia, na Africa, na Oceania, dão bellos exemplos de união, patriotismo, amor ao trabalho, philanthropia; elevam monumentos á caridade e á instrucção. Em parte nenhuma é infecunda a sua passagem.

Desfralda se altiva, ha tantos seculos, a sua bandeira branca e azul! Jamais teve nodoas, a não serem de sangue briosamente vertido. Nunca se abateram os cinco escudos das suas armas. Honra aos desbravadores do nosso paiz!

XX
Não foi de degredados que se povoou o Brazil

Depois do que a respeito do assumpto escreveram, entre outros, Porto Seguro e João Francisco Lisboa, só por ignorancia ou má fé se affirmará que de malfeitores e da peior gente portugueza se compuzeram os primeiros nucleos da nossa população.

E' inexacto que Portugal houvesse em começo abandonado ou desprezado o Brazil. Não se assignala differença sensivel entre o povoamento deste e o das outras colonias portuguezas. Vieram para cá os melhores elementos da escassa população de que a metropole dispunha. Os da India não se mostraram muito superiores, antes inferiores quanto ao resultado.

Sem fallar em marinheiros naufragos que desde logo se estabeleceram na nova terra, vemos que foram illustres todos os primitivos exploradores. O bacharel de Cananéa, Diogo Alvares, João Ramalho formaram familia no meio dos selvagens, pouco depois do descobrimento. Martim Affonso de Souza trouxe comsigo 400 colonos. As capitanias em que D. João III dividiu o paiz couberam a varões eminentes da sua côrte: fidalgos, ricos proprietarios, militares, escriptores, altos empregados, — recommendaveis todos por importantes serviços. Acompanharam o primeiro governador geral, Thomé de Souza, cerca 1500 pessoas, das quase 600 homens de armas.

E' verdade que Portugal costumava mandar degredados para o Brazil. Mas não tardaram a apparecer protestos energicos, qual em 1546 o do donatario de Pernambuco. As familias das capitanias jamais se misturaram com esses condemnados, apezar de que o degredo não implicava perversidade por parte de quem o soffria. Era severissimo o Codigo Penal em vigor, e applicava profusamente a pena de degredo para o Brazil a factos leves, simples peccados veniaes, opiniões, pensamentos. Não deshonrava a ninguem tal castigo. E quantos não vieram de todo innocentes!

Admittindo que fossem culpados, força é reconhecer que a transplantação os regenerou. Onde os grandes crimes dos tempos coloniaes? Onde a corrupção mais profunda que a de agora e a de outros paizes? Onde as crueldades comparaveis ás praticadas no Mexico, no Perú e nos proprios Estados-Unidos que, no dizer de Washington, jamais ensaiaram para com os aborigenes a politica da moderação e da doçura?

Concorreram para o nosso povoamento as expedições militares, as remessas de tropas constantemente feitas para guarnições, a multidão de colonos que affluiam das ilhas e do continente, os magistrados, os funccionarios de varias categorias. Com D. João VI, emigram para o Brazil milhares de fidalgos. Quantas familias brazileiras não allegariam nobilissima estirpe! Portugal não podia fazer mais do que fez, dados os seus recursos e as idéas da epoca. A capitania de S. Paulo era tão altiva que requereu a El-Rei só lhe mandasse como governadores generaes ou homens de elevada nobreza.

Mas, aceitemos a origem humilde da nossa gente. Que resulta dahi de desairoso? Ao contrario, gloria nos advem de havermos chegado ao que chegamos, partindo de tão baixo. A Australia, hoje prosperrima, começou como presidio de criminosos. O berço de Roma foi um covil de bandidos, capitaneados por um engeitado que uma loba amamentara.

Não encontraram esposas os ascendentes dos orgulhosos romanos. Tiveram de empregar a fraude e a força para obtel-as, raptando as sabinas.

XXI
O mestiço brazileiro

Do cruzamento das tres raças, — portugueza, africana e india, — originou-se o typo do mestiço brazileiro, chamado mameluco quando provém da união entre o branco e o selvagem, cafuz ou caboré quando se engendra da do selvagem com o negro. A denominação popular — *caboclo* — designa os primeiros, — *cabra* — os segundos.

Por sua energia, coragem, espirito de iniciativa, força de resistencia a trabalhos e privações, ganharam os mamelucos justa celebridade no periodo colonial.

Apresentam os cafuzes as qualidades dos mamelucos, a par de seus defeitos, entre os quaes avulta o da imprevidencia, total despreoccupação do futuro.

Os mestiços brazileiros contribuiram e contribuem efficazmente para a formação da riqueza publica. Só elles exercem certas tarefas. Não se prestara a trabalhos, sedentarios, mas são eximios na exploração da industria pastoril, importante num paiz como o Brazil, onde abundam os campos.

São mestiços os vaqueiros, notaveis pela sobriedade, e desinteresse, gozando sempre de inalteravel saude; são mestiços os canoeiros e jangadeiros do norte que, sobre tóros ligeiros e mal unidos, affrontam o oceano ou as correderias de caudalosos rios, em longas e arrojadas excursões;

são mestiços os cearenses adaptaveis aos mais rudes climas e aos mais duros labores; são mestiços os caipiras, independentes e fortes; são mestiços os gaúchos, afeitos á existencia errante, vivendo em cima do cavallo, infatigaveis, de força e destreza raras, promptos á aventura, audaciosos e astutos.

A tenacidade, a dedicação, a bravura de que são capazes os mestiços prova-o o facto de Canudos, onde, poucos e mal armados, fizeram frente a poderoso exercito.

Muito intelligentes, têm as suas legendas, as suas cantigas ao som da viola, a sua linguagem especial. Deriva dessa linguagem um dos principaes elementos para a estructura do idioma brazileiro que ha de um dia differenciar-se do portuguez como este se differenciou do latim, e que já possue prosodia, vocabulario e construcções syntaxicas peculiares, perfeitamente distinctas.

O mestiço brazileiro não denota inferioridade alguma physica ou intellectual.

E' susceptivel de quaesquer progressos. Têm produzido grandes homens em todos os ramos da actividade social. S. Paulo, lugar em que mais consideravel se operou o cruzamento com os indios, marcha na vanguarda da nossa civilisação.

XXII

Setimo motivo da superioridade do Brazil: nobres predicados do caracter nacional

O brazileiro physicamente não é um degenerado. Notam-se muitos de estatura elevada, vigor e agilidade pouco vulgares. Quanto ao seu caracter, ainda os priores detractores não lhe podem negar:

— 1° Sentimento de independencia, levado até á indisciplina.

— 2° Hospitalidade. No interior, raro se encontram hospedarias. Quem chega é acolhido, com affabilidade o lhaneza, na primeira casa a que bata. Os lares de certa ordem tem um quarto especial sempre prompto, chamado o *quarto dos hospedes*. Estes demoram-se mezes e annos, ás vezes. O dono da casa não se incommoda. E' para elle signal de importancia, como o receber cartas numerosas no correio.

— 3° Affeição á ordem, á paz, ao melhoramento.

— 4° Paciencia e resignação.

— 5° Doçura, longanimidade, desinteresse.

— 6° Escrupulo no cumprimento das obrigações contrahidas. Julgar-se-hia desairado quem, no interior, allegasse prescripção de divida.

— 7° Espirito extremo de caridade. Elisée Reclus observa que nenhures se acha como no Brazil tão notavel organisação de estabelecimentos de solidariedade, mantidos por esmolas, sem intervenção do Governo. Produz resultado o menor appello, em nome dos que soffrem.

— 8° Accessibilidade que degenera, ás vezes, em imitação do estrangeiro.

— 9° Tolerancia; ausencia de preconceitos de raça, religião, côr, posição, decahindo mesmo em promiscuidade. Só ha exemplo de um jornalista estrangeiro expulso. Durante a guerra do Paraguay, um francez publicava no Rio de Janeiro um jornal sympathico ao inimigo, caricaturando os nossos generaes.

— 10° Honradez no desempenho de funcções publicas ou particulares.

A estatistica dos crimes depõe muito em favor dos nossos costumes. Viaja-se pelo sertão, sem armas, com plena segurança, topando sempre gente simples, honesta, serviçal.

Os homens de Estado costumam deixar o poder mais pobres do que nelle entram. Magistrados subalternos, insufficientemente remunerados, sustentam terriveis luctas obscuras, em prol da justiça, contra potentados locaes. Casos de venalidade enumeram-se rarissimos, geralmente profligados. A Republica apoderou-se de surpreza dos archivos do Imperio: nada encontrou, que o pudesse desabonar. Por occasião dessa revolução, senadores ficaram tão pobres que o novo regimen lhes offereceu pensões. Ao Imperador que governara 50 annos, assegurou a Constituição Republicana meios de subsistencia de que elle precisava, mas que não aceitou. Quasi todos os homens politicos brazileiros legam a miseria ás suas familias. Qual o que já se locupletasse á custa do beneficio publico?

Argúem ao caracter brazileiro fraqueza de sentimento patriotico. E' uma inverdade. Não costumamos alardeiar patriotismo, mas temol-o, capaz de altos feitos, como quem mais o tenha. Nunca soffremos calados imposições de quem quer que seja. A lucta contra os hollandezes, a da independencia, a do Paraguay, a questão do rochedo esteril da Trindade que a Inglaterra foi obrigada a nos restituir, tantos outros factos significativos demonstram que a idéa da Patria congrega e inflamma os nossos corações. A bandeira do Brazil sabe fazer-se respeitar.

Accusam ainda o caracter brazileiro de baldo de iniciativa, decisão e firmeza.

São antes desvirtudes do que vicios inveterados. A educação os corrigirá.

Já desappareceu a principal causa de algumas tendencias más do nosso meio; a escravidão. «O povo brazileiro é demasiado indolente para ser máo» — escreveu alguem. Sem duvida a nossa terra uberrima, as facilidades da vida dispensam entre nós grande diligencia e esforço. Mas hão de vir forçosamente, á proporção que a concurrencia e o conflicto pela existencia se acirrarem. A nossa proverbial indolencia não nos impedio nem nos impede de termos progredido e de progredirmos. Somos, a despeito de tudo, tão adiantados como os paizes de condições analogas ás nossas, ou mesmo mais do que elles; occupamos o terceiro lugar entre os da raça latina, só contando acima de nós a França e a Italia.

Dos brazileiros disse Victor Hugo: «Sois homens de sentimentos elevados; sois uma generosa nação. Tendes a dupla vantagem de uma terra virgem e de uma raça antiga. Um grande passado historico vos liga ao continente civilisador. Reunis a luz da Europa ao sol da America.»

Affirmou um philosopho que homem perfeito é aquelle em quem as qualidades levam pequena vantagem aos defeitos. No caracter brazileiro, ha saldo consideravel a favor das qualidades. Nenhuma falha lhe é peculiar ou exclusiva. Tem preciosas virtudes, eminentemente sociaes. Não se mostra refractario a ensinamentos, nem insusceptivel de emendas. Revela disposições optimas, fundo excellente. Cultivem-n'o. Tudo autorisa affirmar resultados tão prodigiosos como o das sementes plantadas no nosso solo, convenientemente lavrado.

XXIII

Oitavo motivo da superioridade do Brazil: nunca soffreu humilhações, nunca foi vencido

O Brazil, — (facto excepcional nos annaes humanos!) — jamais experimentou derrota definitiva. Em quatro seculos de historia, o numero de suas victorias militares supera sobremaneira o de seus desastres. Estes, sobre escassos e honrosos, nenhuma consequencia aviltante produziram. E não tardou a desforra. O Brazil nunca cedeu á força uma pollegada do seu territorio. Desde os tempos mais remotos, defendeu-se com dignidade contra aggressores mais fortes.

Quaes as guerras e os combates da quadra colonial?

Logo após o descobrimento, Christovam Jacques, Martini Affonso de Souza, Pero Lopes de Souza, queimam ou aprezam navios francezes que traficam ilicitamente nas costas brazileiras. O ultimo tomou um forte construido pelos mesmos francezes em Itamaracá.

Em 1526, Aleixo Garcia, com tres companheiros, á frente de um exercito de indios, atravessa o Paraná e o Paraguay, transpõe os Andes, apodera-se de cidades pertencentes ás actuaes Republicas do Perú e da Bolivia, vai de victoria em victoria até o então Imperio dos Incas.

Em 1560, Mem de Sá expelle os francezes do forte que, na ilha de Serygipe, elevara em 1555, Nicolau Durand de Willegaignon, celebre na Europa por seus feitos d'armas e por seus escriptos, o qual pretendera fundar no Brazil a França antartica. Em 1561 e 1562, no Espirito-Santo; em 1567 no Rio de Janeiro; em 1568 nesta localidade e em Cabo Frio; em 1576 no ultimo ponto, — é ainda derrotado o estandarte francez.

A annexação de Portugal á Hespanha, attrahio os poderosos inimigos desta contra o desprotegido Brazil. Varias povoações do littoral supportam ataque e devastações.

Mesmo nesse periodo, em 1580 e 1581, no Rio de Janeiro, são repellidos navios francezes.

Em Sergipe (1578) e na Parahyba (1579, 1581 e 1584), são aprezados e incendiados ou mettidos a pique numerosos navios de igual procedencia, augmentada a ultima victoria com a tomada de um forte. Em 1583, rechassa-se em Santos a esquadra de Eduardo Fenton, mais tarde um heroe. E' também rechassado Cavendish ne Espirito Santo, em 1592. Aos francezes no correr de 1595, em Ilhéus, bem como em 1596 no forte do Cabedello, Parahyba do Norte, e em Cabo Frio (1599) succede o mesmo. Ainda nesse anno, Olivier Van Noort tenta em vão entrar no Rio de Janeiro. Em 1604, repulsa a Bahia a esquadra de Van Carlen. Em 1623, o commandante Dirck Van Ruyter cae prisioneiro de Mem de Sá, governador do Rio de Janeiro.

Em 1612, estabeleceram-se os francezes no Maranhão, onde projectavam fundar a *França Equinoxial.* Expulsaram-n'os em 1615 tropas commandadas pelo cavalheiroso brazileiro Jeronymo de Albuquerque. Era 1616, hollandezes alliados a indios são batidos no Amazonas, onde haviam construido fortes que se tomaram em 1623 e 1625. Em 1629, 1631 e 1632 são destroçados os inglezes que tinham invadido o Goyana brazileira e ahi levantado fortalezas.

Em 1624, apoderam-se os hollandezes da Bahia, mas os moradores commandados, a principio, pelo velho bispo Marcos Teixeira, sitiam os vencedores, e no anno immediato, os obrigam a se renderem. Em 1625, a cidade da Victoria, inflige duas derrotas aos mesmos hollandezes. Em 1630, tomam elles Olinda e Recife, mas os brazileiros, capitaneados pelos chefes nacionaes Mathias de Albuquerque, Luiz Barbalho, Vidal de Negreiros, Camarão, Henrique Dias, emprehendem, com tenacidade e heroismo incoraparaveis, uma guerra que durou 24 annos e terminou com o completo desbarato do invasor. Durante essa campanha, os hollandezes já desanimados, reduzidos ao Recife, recomeçaram a alcançar triumphos, quando dirigidos pelo brazileiro Calabar que para elles se passara. No periodo mais brilhante da sua dominação, são batidos em Ilhéus e na Bahia que soffre imperterrita dois ataques e um sitio de 40 dias commandado pelo illustre principe Mauricio de Nassau. Em 1648, uma expedição organisada, á custa de donativos, no Rio de Janeiro, pelo fluminense Salvador Correia de Sá, apodera-se dos fortes de Loanda, retomando Angola aos hollandezes.

Não fallemos nas guerras dos paulistas contra os selvagens, uma das quaes durou seis annos, reunindo o inimigo, os Tupiniquins, um exercito de 30.000 homens; nem nas victorias constantes contra os hespanhoes do sul, alcançadas, de 1630 a 1676, pelos mesmos audazes paulistas que se abalançaram até á parte septentrional do Paraguay e a cordilheira do Perú.

Em 1697, tropas do Pará derrotaram os francezes da Goyana que tinham invadido o territorio brazileiro.

Nas guerras contra os hespanhoes por causa da fundação, em 1680, da colonia do Sacramento, na margem esquerda do Prata, registamos, a par de revezes, assignaladas victorias. Si, em virtude de convenções diplomaticas, a colonia passou, por fim a pertencer á Hespanha, o Brazil, em compensação, como consequencia daquellas guerras, firmou a conquista do Rio Grande do Sul.

Em 1710, a esquadra de Duclerc entra no Rio de Janeiro; mas, desembarcando, é destroçada a sua gente e o chefe aprisionado, graças, em grande parte, ao heroismo dos estudantes capitaneados por Bento do Amaral Gurgel.

No anno seguinte, vem o famoso Duguay Trouin vingar aquella affronta. Traz poderosa esquadra — 17 navios, 740 peças, 6.000 homens. O Rio contava então 12.000 habitantes, 2.800 homens de guarnição e 174 boccas de fogo. Apezar da resistencia (só na entrada da barra perderam os francezes 300 homens) foi a cidade subjugada e pagou avultado resgate. Tres dias depois chegaram de Minas forças sufficientes para a desforra, porém respeitaram o pacto firmado.

O povo depoz o governador que subscreveu a capitulação. Elle e as mais autoridades foram severamente punidos com prisão perpetua, degradação, confisco de bens, e declarados infames e trahidores, com seus descendentes masculinos até o 2.° grau.

O Rio ainda não era a capital do Brazil; só alcançou essa categoria 51 annos mais tarde, em 1762. Que o fosse. Todas as capitaes da Europa têm sido tomadas pelo inimigo. Paris, no reinado de Carlos VI, esteve 16 annos sob o jugo dos inglezes. Occuparam Paris os alliados em 1814 e 1815, tal como os allemães em 1871. Em 1814 e 1871, capitulou.

De 1754 a 1756, triumpha o Conde de Bobadella na campanha do Uruguay, immortalisada pelo poema de José Basilio da Gama.

Durante as guerras da revolução de 1789, deram-se alguns combates nas costas do Brazil, tentando baldadamente desembarcar os francezes.

Em 1801, havendo guerra entre Portugal e Hespanha, buscaram os hespanhoes do Paraguay invadir Matto-Grosso, mas foram derrotados em Nova Coimbra.

Um corpo de voluntarios brazileiros apodera-se das missões hespanholas da margem esquerda do Uruguay. Conquista-se a linha do Jaguarão.

Chegando ao Brazil, em 1808, declara o principe regente, depois D. João VI, guerra a Napoleão. Tropas brazileiras invadem a Goyana franceza, obrigam o governador de Cayena a capitular. Um official brazileiro o conduz preso á Europa. A Goyana só foi restituida á França em 1817, por força do estipulado no Congresso de Vienna. Governou-a alguns annos o magistrado brazileiro João Severiano Maciel da Costa, mais tarde Marquez de Queluz, que, no conceito de escriptores francezes, manifestou grande capacidade e probidade na sua fecunda administração.

Nas guerras européas contra Napoleão, distinguiram-se brazileiros, quaes José Bonifacio, futuro patriarca da independencia, Luiz Paulino Pinto da França, Joaquim José Lisboa.

José Bonifacio serviu como major e tenente-coronel no batalhão formado de lentes e estudantes da Universidade de Coimbra. Pinto da França morreu general.

De 1811 a 1820, brazileiros e portuguezes obtiveram constantes e esplendidas victorias contra argentinos e uruguayanos, tomando duas vezes Montevidéo.

Como resultado, a Banda Oriental encorporou-se ao Brazil em 1821, sob o nome de Estado Cisplatino.

Resumindo: nos tempos coloniaes, batemos quasi sempre os francezes, expulsamol-os do Rio e do Maranhão, conquistamos-lhes a Goyana; vencemos os inglezes em Santos, no Espirito-Santo, no Amazonas; expellimos os hollandezes do mesmo, Amazonas, do Maranhão, de Pernambuco; derrotamos repetidas vezes os hespanhoes; triumphamos na Argentina, no Uruguay, no Paraguay, na Bolivia, no Perú. Brazileiros contribuiram para a queda do grande guerreiro do seculo XIX. Até na Africa colheram louros as armas brazileiras.

XXIV
Guerras depois da independencia

Mas, — objectar-se-ha, — as glorias militares da phase colonial cabem á metrópole que subsidiou e dirigio as guerras dessa phase, — e não ao Brazil.

Seja. Não se póde negar o concurso preponderante de Portugal em taes guerras.

Em muitas, porém, os brazileiros bateram-se e triumpharam por si sós, completamente desajudados, como na longa campanha para expulsão dos hollandezes.

Independente, empenhou-se o Brazil em cinco guerras: a de 1822, a de 1825, a de 1851, e as de 1864 a 1870. Sahio-so em todas com galhardia. Nunca a sua bandeira se arriou diante de outra; jamais seus inimigos celebraram victoria final.

A primeira, a de 1822, foi a da propria independencia. Obrigamos as valorosas tropas portuguezas a deixarem o territorio nacional, a capitularem no Maranhão, Pará e Montevidéo. Batemol-as varias vezes no mar e em terra. Perseguimos e aprezamos navios lusitanos até proximo ao Tejo.

Em 1825, explodio na provincia Ciplastina, encorporada, desde 1821, espontaneamente ao Brazil, uma revolução preparada em Buenos Aires. Os brazileiros tinham ali forças diminutas, pois o grosso dellas partira para

Pernambuco e Ceará, onde tambem rebentara um movimento revolucionario, promptamente suffocado. Soffremos alguns revezes, por causa da superioridade numerica do inimigo. Interveio então o governo de Buenos Aires declarando annexada ao seu territorio a provincia brazileira. Rebenta a guerra entre esse governo e o do Brazil, prolongando-se até 1828. Nem sempre fomos felizes no correr della, mas derrotamos os argentinos mais vezes do que elles a nós. Chegamos a lhes anniquilar a esquadra (batalhas do Monte Santiago, 7 e 8 de Abril de 1827).

Essa guerra era impopular no Brazil. Muito a difficultou o espirito partidario que se levantára contra D. Pedro I e de que resultou, em 1831, a abdicação. Foram os argentinos que solicitaram paz, enviando para isso emissarios especiaes ao Rio de Janeiro. O Brazil quiz recusal-a, mas em virtude de intervenção da Inglaterra, celebrou a convenção de 28 de Agosto de 1828, em que tanto elle como a Argentina renunciavam á Banda Oriental, erigida em Estado autonomo.

Nos outras guerras, a de 1851 e as de 1864 a 1870, entre centenas de magnificas victorias navaes e terrestres, registramos apenas dois ou tres insuccessos sem importancia, logo reparados.

Defendemos a independencia do Uruguay e do Paraguay, ameaçada pelos argentinos; fizemos levantar o cerco do Montevidéo que se prolongou, como o de Troia, por 10 annos, de 1812 a 1852; asseguramos a victoria das idéas liberaes no Prata, a liberdade de navegação nos affluentes desse rio, alcançando triumpho onde a França e a Inglaterra haviam naufragado; demos termo á sanguinaria tyrannia de Rosas que durante 23 annos opprimio os seus concidadãos, bem como á de Aguirre e a do Solano Lopez.

Tudo isso abnegadamente, sem compensação aos sacrificios de sangue e dinheiro, tratando os vencidos com extremada generosidade, respeitando-lhes a soberania e, a integridade territorial, facultando ao mundo inteiro tirar vantagem dos nossos esforços.

Abundam façanhas legendarias, iguaes ás mais famosas do universo, em todas estas guerras e nas civis que, infelizmente, temos tambem sustentado, e cumpre esquecer.

Numa dessas ultimas, começou a notabilisar-se Giuseppe Garibaldi, o futuro glorioso collaborador da unificação italiana, o qual residio longo tempo no Brazil. Era brazileira sua primeira esposa. Annita Garibaldi, em tudo companheira digna do heróe.

XXV
A batalha de Ituzaingo

Esta batalha, travada a 20 de Fevereiro de 1827, entre os argentinos, commandados pelo general Carlos d'Alvear, e os brazileiros, chefiados pelo Marquez de Barbacena, não foi uma victoria para os primeiros, como têm assoalhado escriptores mal informados ou interesseiros em ambos os paizes. Os escriptores argentinos leva-os a falsearem a verdade o exagerado amor proprio. Os brazileiros são os inimigos de D. Pedro I e da monarchia. Convém-lhes tirar partido de qualquer accidente, no intuito de desabonar as antigas instituições.

Não foi tão pouco injusta a guerra em que se deu a batalha. Conforme já vimos, a provincia Cisplatina unio-se livremente ao Brazil. Quatro annos viveu em paz na communhão brazileira. De subito, separa-se violentamente, por suggestões de Buenos Aires que a invade e a incorpora ao seu territorio. Jurara-se a Constituição que mandava manter a integridade do Imperio. A honra nacional exigia, por todos os motivos, que se impedisse a desunião. Tornou-se inevitavel o desforço armado. Sob pena de infamia, não podia a nossa bandeira tolerar a dupla affronta.

O exercito argentino penetra o solo do Brazil e occupa excellentes posições. Barbacena, com forças muito inferiores, famintas, cançadas de longa marcha, topa com esse exercito e aceita combate. Pelejam durante 11 horas 5.000 brazileiros, naquellas condições, tendo 12 boccas de fogo, contra 10.500 inimigos repousados, num terreno adrede escolhido e armados de 26 canhões.

Os argentinos perderam mais de 1.000 homens e os nossos pouco além de 200. Já cantavamos victoria. Mas o inimigo, do lugar alto onde estava, avista o comboio dos transportes e bagagens que vinham na rectaguarda do exercito brazileiro, a grande distancia. Dispondo de cavallaria superior, destaca forte columna para atacar o comboio indefeso. Sem dar um tiro, o apprehendeu, figurando entre os despojos duas velhas bandeiras inservíveis. Sabendo que perdera as bagagens, quasi exhaustas as munições, havendo os argentinos incendiado a macéga secca do campo para envolver os brazileiros num circulo de fogo, resolve Barbacena retirar-se. Retira se na melhor ordem, levando todos os seus feridos e toda a sua artilharia, á excepção de uma peça, cujo reparo se quebrara e que deixa encravada. Si não se retirasse, permaneceria sem agua, sem roupa, sem cartuchos, com o inimigo em frente e uma trincheira de chammas atraz. O exercito argentino não dispersa, não aprisiona, não anniquila o brazileiro. Manda pedir-lhe licença para recolher o cadaver de um coronel. Longe de perseguir os retirantes, retira-se tambem, primeiro do campo da luta, depois do territorio brazileiro, desistindo de continuar na invasão que encetara.

Eis a batalha. Constituiu victoria para os argentinos? Evidentemente não. Foi uma batalha indecisa. Barbacena acampou onde bem quiz. Notavel a sua retirada do campo incendiado! Recuou, mas o inimigo não sustentou as suas posições, tambem recuou. Os seus pretensos trophéos, — as duas bandeiras imprestaveis, — não os tomou em combate. Barbacena preencheu o fim que se propunha: repellir a invasão. O invasor, em consequencia de Ituzaingo, perde as suas vantagens, abandona o territorio invadido. Logo, considerando os resultados, Ituzaingo equivaleu para nós a uma victoria. Os argentinos fugiram; os brazileiros, não: mudaram apenas de lugar no solo da Patria.

Tanto isso é verdade que Alvear teve de defender-se perante seus compatriotas de não haver triumphado: foi demittido do commando, censurado pelo seu Governo, submettido a conselho de guerra.

Releva ponderar que o Parlamento, em luta com D. Pedro I, negara meios de acção a Barbacena, — além de general, homem politico com muitos adversarios. As paixões da epoca tornaram Ituzaingo um instrumento de partido, convertendo a retirada num desastre que exaggeraram, deturpando a realidade. Essa versão faccionaria e inveridica prevaleceu, em virtude da odiosidade crescente contra D. Pedro I. Quem examinar imparcialmente os factos reconhecerá que Barbacena cumprio o seu dever e não foi derrotado.

A tradição contraria não passa de um erro repetido. De Ituzaingo não provém desdouro, mas honra para o Brazil.

A paz celebrada no anno seguinte não se derivou dessa batalha. Como já assignalamos, foram os argentinos que a pediram, mandando ao Rio emissarios que a principio D. Pedro I recusou receber. A ultima e estrondosa victoria na guerra, a do Monte Santiago, coubera aos brazileiros. Mas a Inglaterra interveio. Sob a pressão de difficuldades internas e das oriundas da successão ao throno portuguez, arcando com violenta opposição que exigia a terminação das hostilidades, D. Pedro aceitou uma solução conciliatoria e altamente politica de que já se cogitara antes de ltuzaingo. A antiga Cisplatina não ficou pertencendo a nenhum dos contendores. Erigio-se em Estado autonomo, cuja independencia o Brazil nobremente defendeu mais tarde contra a tyrannia argentina.

XXVI
A guerra do Paraguay

Ha hoje um grupo que declara injusta a guerra do Paraguay, e accusa o Brazil, si não de a ter provocado, ao menos de a não ter sabido evitar.

Não se baseia na verdade historica esta opinião.

O Brazil sempre se mostrou amigo do Paraguay. Ameaçada a sua independencia por D. João Manoel Rosas, deveu a salvação aos esforços do Brazil, como outros povos e ello proprio o confessaram. Em 1851, obrigou-se solemnemente a collaborar com o Brazil na luta contra Rosas. Faltou ao promettido, mas recolheu beneficios da campanha: a abertura dos affluentes do Rio da Prata. Entretanto, contra estipulaçõos formaes, conservou fechado o Alto Paraná, sequestrando assim Matto Grosso do littoral Brazileiro. Por duas vezes, a moderação do Brazil arredou uma guerra necessaria, por tentar o Paraguay impedir as communicações fluviaes com aquella provincia.

Governado despoticamente, sob o nome de republica, habituado pelos jesuitas á obediencia passiva e á completa sujeição, começou a armar-se. Os seu tres chefes absolutos, Doutor Francia, Carlos Lopez e Solano Lopez (este ultimo assumira o poder simplesmente em virtude de uma clausula do testamento de seu pai e antecessor)

— concentraram todo o empenho em militarisar o paiz, no intuito de augmentar-lhe o territorio, á custa dos argentinos. Solano Lopez pensava em fazer-se acclamar imperador, após as victorias: encontraram-se em Assumpção modelos da corôa e do throno que encommendara da Europa.

Longe de exigir explicações dos exaggerados armamentos do Paraguay, prestou-se, na maior boa fé, o Brazil a fornecer-lhe officiaes superiores que, no tempo de Carlos Lopez, lhe instruiram o exercito e auxiliaram a construcção de fortificações.

Em 1864, julgando-se assás forte, Solano Lopez, sob pretexto de que a sua mediação fôra recusada no conflicto do Brazil com o Uruguay, apresa um navio brazileiro; aprisiona um presidente de provincia, que ia a bordo, bem como parte da guarnição; invade Matto Grosso. Era audaz violação de todas as regras internacionaes, affrontoso attentado contra a segurança, autonomia e honra do Brazil.

Dahi a guerra, encetada por Lopez, — um monstro que mandou trucidar, sem motivo, depois de horriveis torturas, seus mais illustres compatriotas e proximos parentes, assim como centenas de estrangeiros.

Podia o Brazil eximir-se ao desafio, deixar de repellir pelas armas tamanhos ultrages?

A Republica Oriental se offereceu espontaneamente para collaborar com o Imperio na campanha travada por causa della. A Argentina, da qual Lopez tambem tomara violentamente navios e invadira o territorio, adhere á alliança já formada com o Uruguay. O Brazil não solicitou essa nova aliança, como não solicitara a primeira.

Determinou-as a marcha dos acontecimentos. Não precisava do concurso das duas republicas, mas aceitou-o, entre outros motivos, para tornar patente que, monarchia, não ia guerrear as pseudo instituições republicanas do Paraguay. Demais, o peso da luta recahiu quase que exclusivamente sobre o Brazil. O pequeno Uruguay, sempre receioso de revoltas internas, diminuto numero de praças empregou nas operações longiquas. A Argentina possuia naquella epoca menos talvez de dois milhões de habitantes. Data sua prosperidade do muito dinheiro que nella se gastou durante a campanha. Varios governadores não coadjuvaram o governo central; provincias inteiras não lhe deram um só soldado. Para reprimir essas resistencias e rebelliões, grande parte do exercito argentino retirou-se, depois de Curupaity. Foram tropas brazileiras que primeiro pisaram o solo inimigo. Venceram sósinhas em lances decisivos, quaes Riachuelo, passagem de Humaitá e Aquidaban.

Lopez iniciou as hostilidades em condições muito superiores ás de seus adversarios.

Dispunha de 80.000 homens disciplinados e 39 navios de guerra. O Brazil tinha apenas 15.000 homens e deficiente esquadra. Mas o sentimento nacional vibrou.

Chegamos a ter em armas 70.000 homens e poderosa marinha. Em alguns mezes, sem recorrer á industria estrangeira, construiram os arsenaes do Rio de Janeiro seis couraçados. Perdemos 30.000 vidas, gastamos Rs. 600.000:000 $, combatemos 5 annos, mas mantivemos illesa a dignidade da Patria.

A campanha foi longa e difficilima, porque o Paraguay era um paiz ignoto, inaccessivel, pantanoso, e do qual não existia um mappa ou informação segura. Os nossos generaes não conheciam o terreno em que pisavam, obrigados a reconhecimentos constantes, marchando distancias immensas ás apalpadellas, a milhares de leguas do seu governo, construindo caminhos no meio de florestas inundadas, e estradas de ferro por entre paúes, arcando com embaraços extraordinarios para os fornecimentos das tropas. Debateram se contra a coragem frenetica do inimigo fanatisado, contra terriveis epidemias, como a do cholera-morbus, e os mil tremendos obstaculos da natureza hostil.

E triumpharam sempre, com heroismo e tenacidade incomparaveis, até alcançar a derrota completa do agressor! Batalhas houve em que metade do effectivo das forças desappareceu. Proporções guardadas, raras guerras se apontam tão sanguinolentas.

A campanha da Inglaterra contra o Transvaal põe em relevo a gloria do Brazil na do Paraguay. O Brazil não possuia os recursos da Gran Bretanha. O Transvaal, aberto á civilisação, não se compara, sinão na bravura, ao Paraguay cuja população naquella quadra (1.500.000 almas) excedia á actual da valente republica sul africana. As forças navaes e terrestres paraguayas sobrepujavam em numero ás dos boers e manobravam em terreno mais propicio á defesa do que as destes.

O Brazil, diz o norte americano Agassiz, atacou no Paraguay uma organisação tyrannica, meio militar, meio clerical que deshonrava o nome de republica; foi alli, com absoluto desinteresse, o porta-voz da civilisação.

De facto, vencedor- após ingentes sacrificios, satisfeito com a desaffronta de seus brios, contentou-se o Brazil com os limites que já tinha desde o seculo XVIII; restituiu as propriedades e valores apprehendidos; concorreu decisivamente para a abolição do captiveiro no paiz que occupava; jamais cobrou contribuição de guerra, nem siquer indemnizações devidas a brazileiros espoliados; manteve forças em Assumpção, effectuada a paz, para sustentarem a autoridade do governo proclamado; constituio-se garante da independencia e soberania do Paraguay. Fez mais: — monarchia, mandou um dos seus melhores estadistas, Paranhos, depois Visconde do Rio Branco, organisar o paiz sob a fórma republicana, organisação que o Paraguay até então nunca tivera.

Onde, nos fastos humanos, maior galhardia na luta e maior magnanimidade na victoria?!

XXVII

Nono motivo da superioridade do Brazil: seu procedimento cavalheiroso e digno para com os outros povos

O Brazil jamais provocou, jamais agrediu, jamais lesou, jamais humilhou outras nações. Revelou sempre para com todas a mais perfeita dignidade, a par de rara e elevada abnegação. Accusam-no de haver intervindo illicitamente na politica do Rio da Prata. Não ha tal. Fez ali ingentes sacrificios de homens e dinheiro. Qual o lucro ou a compensação que disso procurou tirar?

Defendeu a independencia do Uruguay e do Paraguay. Salvou os mesmos Uruguay e Paraguay, bom como a Argentina, de tres tyrannias. Nunca impoz vontade arbitraria aos vencidos e fracos. Como ficou dito, nem siquer exigio o pagamento do que se lhe devia.

Si interveio mais de uma vez nos negocios da Republica Oriental, foi por solicitação formal desta, ou para salvaguardar sagrados direitos o interesses de brazileiros opprimidos. Um presidente dessa Republica, Giró, e homens eminentes do partido *blanco*, inimigo do Brazil, refugiaram-se de uma feita na legação e nos navios brazileiros.

Em 1854, o governo oriental e ainda os *blancos* impetraram a presença de forças imperiaes no paiz, como unico meio de se firmarem a estabilidade das instituições republicanas, as garantias sociaes e politicas, evitando-se a anarchia.

Quatro mil soldados brazileiros permanecem dois annos em Montevidéo, sem que as autoridades da Republica lhes pagassem as despezas, conforme haviam pactuado. Durante os dois annos, á divisão brazileira só deu exemplos de disciplina e moralidade. Ao retirar-se ella, o governo oriental agradeceu calorosamente, o serviço do Brazil, proclamando-lhe o desinteresse e dizendo que cada habitante daria testemunho do nobre proceder do exercito de occupação, no que não faria mais do que pagar um tributo de innegavel justiça e merecida admiração ás suas relevantes virtudes.

Novamente, em 1857, o governo do Uruguay requereu a intervenção do Brazil. Recusou-se ahi o Imperio, mas, auxiliou o exhausto thesouro oriental, emprestando-lhe avultadas quantias que até hoje não foram restituidas, sem que o credor em tempo algum constrangesse o devedor remisso. Este aliás, era repetidas occasiões, confessou a nossa generosidade.

A despeito de tudo isso, em 1864, cidadãos brazileiros domiciliados no Uruguay soffriam roubos, sequestros, attentados, perseguições de todo genero, sem que a autoridade os protegesse ou antes, acobertando o governo republicano as atrocidades. O Brazil reclamou, moderadamente a principio, dirigindo appellos amigaveis á razão e aos sentimentos equitativos do governo de Aguirre. Em vão. Excitou- se então o sentimento nacional brazileiro que não soffre impassivel o menoscabo de seus brios. O Brazil, prescindindo de questões pecuniarias, empregou mais energia nas reclamações. Protellou, quanto possivel, o rompimento das hostilidades. Ainda em vão.

Usou de represalias. Respondeu o governo oriental queimando em praça publica os autographos dos tratados existentes comnosco, insultando a nossa bandeira, arrastando-a pelas ruas de Montevidéo*. Seguiu-se a guerra, como não podia deixar de seguir-se, em que triumphamos, como de costume. Terminou por um convenio honroso, arguido, na época, do condescendente em extremo para com a parte vencida, a qual tratamos com a habitual longanimidade.

O pensamento constante do Brazil, nas suas relações com as republicas do sul, exprimio-o o Imperador na falla do throno de 1851, dizendo: «Por maior que seja o meu desejo de manter a paz, não deixarei de dar aos meus subditos a protecção que lhes devo, nem serei indifferente a acontecimentos que possam prejudicar a segurança e tranquillidade futura do Imperio, *tendo sempre por um dever respeitar a independencia, as instituições e a integridade dos Estados vizinhos, e nunca me envolver de modo algum em seus negocios internos.*»

E assim tem sido.

Ao mesmo tempo que se manifestava cheio de cordura no tocante aos pequenos povos, portou-se sempre o Brazil com suprema hombridade e energia ante as imposições dos fortes.

Em 1862, porque não attendera o nosso governo a descabidas reclamações inglezas, ordenou o ministro britanico no Rio de Janeiro, Christie, que a esquadra da sua nação apresasse navios mercantes brazileiros nas aguas territoriaes do Imperio.

---

* Vide — Visconde de Ouro Preto — Marinha de outr'ora — 1º capitulo

Respondeu o Brazil a essa offensa contra a sua soberania, expedindo passaporte ao insolente diplomata e rompendo as relações com a Inglaterra. A questão foi submettida a arbitramento do rei dos Belgas, tio da rainha Victoria, o qual decidiu favoravelmente ao Brazil. As relações só se reataram em 1865, por mediação officiosa de Portugal. O acto de Christie mereceu censuras da opinião publica ingleza. Vozes, como as de Cobden, Bright, Lord Brougham, Lord Salisbury, então Lord Cecil, ergueram-se no parlamento de Westminster, em nossa defesa. Duas vezes recorremos ao mercado de Londres e levantamos emprestimos, no correr do conflicto internacional.

Partiu da Inglaterra a iniciativa da reconciliação. Revestiram-se de fina gentileza a occasião e a forma em que o effectuou. O Imperador achava-se em Uruguayana, que as armas brazileiras retomaram aos paraguayos invasores do Rio Grande do Sul. O embaixador inglez lá foi, fazendo longa e penosa viagem. Recebeu-o D. Pedro II em sua barraca de campanha. Eis o significativo discurso ali proferido por Mr. Thornton, a 23 de Setembro de 1865:

«Senhor, tenho a honra de depositar nas mãos de V. M. I. a carta pela qual S. M. a Rainha se dignou de acreditar-me como seu enviado em missão especial junto de V. M. I. e supplico a V. M. I. se digne de acolher com a sua reconhecida benevolencia as seguranças de sincera amizade e as expressões qui fui encarregado de transmittir por S. M. a Rainha e pelo meu governo. Estou incumbido de exprimir a V. M. I. o pezar com que S. M. a Rainha viu as circumstancias que acompanharam a suspensão de relações de amizade entre as côrtes do Brazil e da Gran Bretanha, e de declarar que o governo de S. M. nega, da maneira mais solemne, qualquer intenção de offender a dignidade do Imperio do Brazil; e que S. M. aceita completamente e sem reserva a decisão de S. M. o rei dos Belgas; e será feliz em nomear um ministro para o Brazil logo que V. M. I. estiver prompto para renovas as relações diplomaticas. Creio ter fielmente interpretado os sentimentos de S. M. e do seu governo, e estou convencido de que V M. I. terá a bondade de aceital-os com o mesmo espirito de conciliação que os dictou.»

O Imperador respondeu nobremente:

«Vejo com satisfação renovadas as relações diplomaticas entre o governo do Brazil e o da Gran Bretanha. A circumstancia de tão feliz acontecimento se realizar onde o Brazil e seus leaes e valentes Alliados acabam de mostrar que sabem unir a moderação á defesa do direito, augmenta o meu prazer, e prova que a politica do Brazil continúa a ser inspirada pelo espirito de harmonia justa e digna com todas as outras nações.»

Outro facto caracteristico:

Em 1866, a Hespanha, declarando guerra ao Chile, manda bombardear pela esquadra do almirante Nunes o porto indefeso de Valparaizo.

Difficil era a situação interna e a externa do Brazil, no periodo mais arduo da campanha com o Paraguay, ameaçado de complicações internacionaes. Sem embargo, não trepidou o governo brazileiro em lavrar energico protesto contra aquelle bombardeamento. Monarchia, collocou-se o Brazil ao lado da republica do Chile contra a, para elles, poderosa monarchia hespanhola.

A nota em que esse protesto foi notificado ao governo hespanhol é um modelo de insigne bizarria.

Ainda outro exemplo de alto civismo:

Em 1895, a Inglaterra apodera-se de um rochedo esteril — a ilha da Trindade, — pertencente ao Brazil. Levanta-se este reivindicando com tal energia o seu direito, que o insignificante ponto usurpado nos foi restituido, arriando-se alli, diante do nosso, o altivo pavilhão de Albion.

O Brazil nunca vendeu uma parcella do seu territorio, como a França praticou com a Luiziania, a Russia com Alaska e a Hespanha com as Carolinas. Sempre vencedor nos pleitos submettidos a arbitramento, como no caso de 1862 com a Inglaterra, no de Missões com a Argentina, e no do Amapá com a França, viu seu soberano, o Sr. D. Pedro II, tres vezes ser nomeado membro de importantes tribunaes arbitraes: os de Genebra, Washington e Santiago do Chile.

No correr dos cinco annos que durou a sua alliança com a Argentina e o Uruguay contra o despotismo de Solano Lopez, jamais suscitou-se entre os tres exercitos e os tres governos, de regimento differente, o menor attrito. Reinou sem interrupção perfeita cordialidade.

O procedimento que observa em tudo um homem de bem, — eis a norma immudavel do Brazil nas relações internacionaes.

A constituição vigente, consignando principios a que sempre obedecemos, estatue que o Brazil em caso algum se empenhara em guerra de conquista, directa ou indirectamente, por si ou em alliança com outra nação. Só fara guerra, si não tiver lugar o recurso do arbitramento.

XXVIII
Decimo motivo da superioridade do Brazil: as glorias a colher nelle

A quem se dedicar ao estudo das cousas brazileiras não hão de faltar honras nem satisfações. O Brazil offerece um campo de investigações superior ao de outros paizes. Basta dizer que até a sciencia da sua topographia apresenta ainda grandes lacunas. O interior jaz inexplorado. Immensas, bellas e riquissimas regiões esperam os seus Livingstone e Stanleys. O Xingú, desconhecido até 1884, ó assignalado, após a viagem de Karl von Steinen, como tendo sido o centro de dispersão de uma das grandes raças americanas que foram até os Andes, Guyana, Venezuela e Antilhas.

Ha quem affirme a origem mongolica dos indios do Brazil. D'onde vieram? Quando e como effectuaram a migração? Communicou-se outr´ora o Novo Mundo com o asiatico? Serão os egypcios, como querem outros, os ascendentes dos nossos tupis?

A verdade é que a procedencia dos selvagens brazileiros constitue problema ainda não resolvido. Abandonou-se a hypothese de que formavam uma só raça, com uma lingua geral — o tupy-guarany, — unica regularmente estudada. Vão-se descobrindo varias raças absolutamente distinctas entre si.

O naturalista dinamarquez Peter Wilhelm Lund descobrio centenas de especies prehistoricas no valle do Rio das Velhas e cavernas da Lagoa Santa affirmando a existencia do homem no Brazil, em epoca na qual não se suppunha tivesse vivido o genero humano em qualquer outro ponto.

Do homem fossil brazileiro, descendem — dizem — os actuaes botucudos.

Os *sambaquis,* — monticulos artificiaes abundantes no littoral do sul do Brazil, construidos de conchas e cascas de ostras, — attestam a existencia do homem em nossas plagas, muito antes dos tempos historicos.

Os restos dahi exhumados provam que esse homem usava instrumentos rudimentares de pedra lascada, conhecia o fogo com que cozinhava, e certas industrias primitivas.

Representam os *sambaquis* enorme somma de trabalho. Arvores seculares inseriam nelles as suas raizes. Delles se extrahe excellente cal com que ha tresentos annos se edificam cidades.

E a lenda de ter estado S. Thomé no Brazil, havendo ensinado o uso da mandioca?

E certos indios mostrarem, antes dos missionarios, noções da doutrina christã que allegavam lhes ter sido pregada desde muitas luas? E as suas artes? E as suas instituições similhantes ás germanicas? E os seus dialectos? E o seu numero outro´ra e hoje? E os objectos ceramicos achados na ilha de Marajó?

Um naturalista levou 11 annos estudando os insectos do Amazonas. A nossa fauna e a nossa flora apresentam peculiaridades ainda inexplicadas. Assim varias especies dão em certos pontos e em outros não, quando, entretanto, as condições climatologicas, são identicas. Dahi se infere diz um escriptor, que ha modificações da natureza que escapam á nossa observação e meios de analyse, mas bastante activas para influirem silenciosamente sobre a organisação das plantas e dos animaes, de modo a isolal-os era determinadas regiões, não lhes permittindo a procreação fóra de fixos limites.

Quantas interessantes questões ethnographicas, anthropologicas, geologicas, philologicas, historicas, botanicas, zoologicas, dignas de absorverem os doutos, capazes de conferirem a quem as estudar a mais pura immortalidade.

Que vasta e convidativa seara de glorias!

XXIX
Undecimo motivo da superioridade do Brazil: a sua historia

Si não abundam feitos extraordinarios na historia patria, tambem não os ha deprimentes ou vergonhosos.

Raras e pouco duradouras tyrannias temos supportado.

A conquista portugueza não se caracterisa pelas violencias da hespanhola, accrescendo que Cabral topou apenas com broncos selvagens, emquanto Cortez e Pizarro encontraram civilisações adiantadas no Mexico e no Perú, e totalmente as destruiram.

O nosso regimen colonial foi mais suave que o de quasi todos os povos americanos.

Não nos deshonram as leis então dominantes, muitas em vigor até agora.

Inspiravam-se nas melhores ideas da epoca. Accusal-as de não consignarem os modernos principios de liberdade e progresso equivale a malsinar o governo de então por não ter instituido na colonia estradas de ferro e telegraphos, inventados mais de 300 annos após o descobrimento.

Essas leis não as imaginaram adrede os portuguezes. Colheram-n'as na tradição e na pratica das nações mais avançadas, adaptando-as ao meio em que iam ser applicadas. Outros povos as copiaram dos portuguezes, exaggerando-lhes o rigor. Portugal não tinha uma legislação para si, differente da que impunha ao Brazil colonial, onde aliás a população se constituia de portuguezes e descendentes de portuguezes. Ao contrario, dir-se-hia que no Brazil, imperava regimen mais toleravel que o da metropole.

Com a divisão em capitanias (1530 a 1535), a cujos donatarios transferiu a corôa a mór parte dos seus direitos magestaticos, tornou-se o Brazil quasi independente. Mostra Oliveira Martins que nesta primeira constituição da America portugueza, uma politica de sensata liberdade isentava a agricultura, a industria e o commercio de restricções vexatorias, franqueando a colonia aos estrangeiros, mediante o pagamento de leves direitos differenciaes. Os impostos eram moderados, poucos os artigos estancados. Era livre a translação dos individuos de umas para as outras capitanias, e de qualquer dellas para o estrangeiro.

Em seguida, no systema dos governos geraes, que durou desde 1548 até á independencia, cada funccionario importante recebeu um regimento marcando-lhe as attribuições. O Brazil se organizou assim, observa Porto Seguro, mais constitucionalinente que o proprio Portugal.

Nunca dominou entre nós naquelle periodo o arbitrio sem limites. A acção da autoridade tinha peias e contrapesos. Abusos se praticavam, como ainda hoje em toda parte se praticam. Mas qual o governador ou capitão-mór cujo nome ficasse, como synonimo de sanguinario ou prevaricador, amaldiçoado pela memoria publica? Onde o nosso Rosas ou Solano Lopez?

Os governadores eram obrigados a dar conta a El-Kei, em todas as occasiões possiveis, de quaesquer successos occorridos; não podiam demorar-se na colonia depois de concluido o seu tempo, tres annos, nem levar a ella seus filhos, ou consentir que elles cá viessem; não lhes era licito mandar presentes aos membros do Conselho Ultramarino, tribunal encarregado dos negocios coloniaes, nem commerciar de qualquer forma, nem permittir que os subordinados lhes mandassem tirar o retrato, nem fazer prisões por mais de oito dias, sem sujeitar logo os presos ao poder judiciario, nem entender de qualquer fórma, nas cousas da justiça. No fim de cada administração, abriam-se *residencias*, isto é, devassas sobre todos os actos do ex-governador. Nessas devassas depunham os seus administrados da vespera, ás vezes mais de 100 pessoas.

No regimen colonial brazileiro, tres factos sobresaem que muito o ennobrecem: a independencia attribuida pelas leis ao poder judiciario e de que realmente elle gozava; a autonomia do elemento municipal; a ausencia de preconceitos de raça, côr ou seita.

Os magistrados, no exercicio de seus cargos, não davam contas a ninguem. Podiam prender qualquer autoridade que se lhes atrevesse, emprazar os governadores e capitães-móres para comparecerem nas côrtes, á simples tentativa de similhante attentado. No Maranhão, foi suspenso pela administração de Lisboa o governador Manoel de Rolim e Moura que, por seu proprio arbitrio, suspendera o ouvidor.

Quanto ao elemento popular, desde 1531, nas duas villas fundadas por Martim Affonso de Souza, houve simulacros de Camaras Municipaes. Com o correr do tempo, adquiriram essas camaras consideravel expansão e autoridade politica, podendo até nomear e suspender governadores, aos quaes davam posse. Exerciam vasta jurisdicção por si sós nos casos de pequena importancia. Nos mais graves, convocavam as chamadas *Juntas Geraes*, compostas dos principaes empregados e das pessoas mais idoneas, juntas em que se decidia á pluralidade de votos. Provinham taes faculdades mais de direito costumeiro que de direito escripto.

Um caso, entre muitos, prova a força das antigas municipalidades: A ilha de Itaparica foi por Thomé de Souza doada a D. Violante de Tavora, mãi do conde da Castanheira, então influente ministro da corôa. Mas nem a agraciada, nem seus herdeiros se aproveitaram da doação, apezar da outorga pelo soberano de um foral e de muitas confirmações regias, por se haver sempre opposto ao acto de posse a Camara da Bahia, allegando uma clausula do regimento do governador, em virtude da qual só poderia dar de sesmaria a terra que o beneficiado viesse colonisar, obrigando-se a ir nella viver dentro do tres annos, o que não se realizou com D. Violante e seus herdeiros.

Varias camaras representavam contra os governadores, como a da Bahia contra D. Duarte da Costa e a do Rio de Janeiro contra Salvador Corrêa, cujo procedimento El-Rei estranhou. Outras enviavam seus procuradores a Lisboa, servindo-se em mensagens ao monarcha da mais energica linguagem.

Mesmo no districto aurifero e diamantino, colonia na colonia, sequestrado do resto do mundo, costumavam os governadores convocar os procuradores das camaras e pessoas da nobreza para pôr em execução certas medidas, entrando era accordo com elles, facendo ajustes e contractos relativos á cobrança de impostos.

No tocante á ausência de preconceitos, vimos os primeiros colonos, o bacharel Duarte Peres, João Ramalho e Caramurú, desposantlo indias, e o governo promovendo as allianças com mestiços, protegendo-os, distinguindo-os. A inquisição não medrou entre nós. Nunca travamos lutas ou exercemos perseguições religiosas. O poder ecclesiastico gosava de taes garantias que um bispo do Maranhão, D. Theodoro do Sacramento, lançou excommunhão contra El-Rei.

Accrescentai que no regimen colonial a regra foi ordem, paz, raras guerras civis, progresso continuo, sem vicissitudes revolucionarias e retrocessos violentos; que, abolido esse regimen, continuamos amigos da mãi patria; que as nossas chronicas estão cheias de episodios commoventes, tragicos e heroicos, lendas poeticas, questões curiosas, prendendo-se á nossa historia todos os factos notaveis occorridos no Occidente desde 1500, quaes a Renascença, a Reforma Lutherana, o prestigio e a decadencia da Companhia de Jesus, a grandeza e o declinio da Hespanha, a supremacia da Hollanda e da Inglaterra nos mares, as guerras de successão, a revolução franceza, Napoleão; que conhecemos com plenitude certas liberdades quando nas sociedades mais cultas ellas ainda soffriam restricções; — e confessareis que o nosso passado, longe de nos humilhar ou entristecer, ministra-nos altos titulos de ufania.

A nossa historia não é pallida e fastidiosa, como alguns affirmam. Cinco pontos della, pelo menos, merecem celebração epica, pois são gloriosos como os mais gloriosos da humanidade. Esses pontos são — os jesuitas; os bandeirantes; a guerra hollandeza; a guerra dos Palmares; a retirada da Laguna.

XXX
Os jesuítas

Durante os 210 annos em que estiveram no Brazil colonial (de 1549 a 1759) praticaram os jesuitas grandes feitos, apresentaram figuras immortaes.

Com Thomé de Souza, o primeiro governador geral, veio Manoel da Nobrega, de familia fidalga, bacharel em canones, depois de brilhantes estudos em Salamanca e Coimbra. Espirito organisador, funda na Bahia uma escola, onde os filhos dos aborigenes começam a aprender. Auxilia efficazmente a honesta e fecunda administração de Thomé de Souza. Contribue para a expulsão dos francezes do Rio de Janeiro. Viaja tanto que os indios o chamam de *padre voador.* Sua actividade, seus serviços, sua virtude excedem qualquer elogio.

Ao mesmo tempo, vem Aspilcueta Navarro que aprende por si só o idioma dos indios, prepara um catechismo em lingua tupi, traslada para essa lingua as orações catholicas e nella prega o Evangelho aos selvagens.

Vem depois José de Anchieta, o thaumaturgo, o santo do Brazil. Anchieta vai para Piratininga como mestre-escola. Passa ahi miserias sem nome, fome, frio, falta de roupa, morando numa pequena barraca, onde funccionavam as aulas, e que era, a um tempo, enfermaria, dormitorio, refeitorio, cozinha, dispensa. Ensinava latim e aprendia tupi, de que compoz o vocabulario e a primeira grammatica. Trabalhava dia e noite, escrevendo as licções para cada alumno, pois não havia livro. Escrevia hymnos, bailadas, interrogatorios para confissões, resumos dialogados da fé christan e autos theatraes que os indios representavam ou viam representar, em palcos por elle improvisados. Exercia funcçoes de medico, barbeiro, fazedor de alpercatas, cujos cordões serviam também de disciplinas. Poeta, elaborou um poema sobre a vida da Virgem Maria, na esperança de manter a propria pureza, fixo o pensamento na mais pura das mulheres. Sem papel, penna e tinta, metrificava os versos, passeiando. Traçava-os em seguida na areia e os confiava á memoria.

Segundo o testemunho de muitos contemporaneos, dominava os elementos, curava molestias, adivinhava os pensamentos e os segredos do coração. Resuscitava mortos afim de os baptisar. Para resguardal-o do sol, as aves, com as azas abertas, formavam-lhe um docel sobre a cabeça. Nas redes se lhe vinham metter os peixes, quando delles carecia. Féras o acompanhavam, servindo de escolta.

Emquanto, olhos no ceu, trabalhava mentalmente o seu poema sobre Maria, um pequeno passaro ora o rodeava e festejava com brando vôo, ora lhe pousava caricioso na fronte, nos hombros, nas mãos. Mostrava-se sempre humilde, dizendo-se vil peccador ignorante! Os tamoyos o denominavam — *Gão Pagé* dos christãos. Attribuiam-lhe o poder sobrenatural de suspender os braços armados. De Anchieta affirmou um prelado: a Companhia de Jesus é um annel de ouro, elle a pedra preciosa desse annel.

Outro jesuita lendario, João de Almeida, levava a mortificar a carne, perseguindo o corpo como um inimigo. Considerava as disciplinas a armadura com que o soldado de Christo se veste para as batalhas contra o demonio. Punha seixos nos sapatos, quando andava, para molestar os pés. Nunca enxotou as moscas e mosquitos que o assaltavam. Chegou a 82 annos de uma vida sem macula. Começou a definhar quando lhe tiraram os supplicios e azorragues.

Extraordinaria a sua popularidade! Durante a molestia que o levou, o povo affluiu ao convento para ver como morria um santo. Queriam á força trechos de seus escriptos, pedaços de suas roupas, restos de seus cilicios, qualquer cousa em que houvesse tocado.

Applicavam objectos ao corpo do moribundo, afim de os tornar milagrosos.

Os medicos o sangraram: lenços com gottas de seu sangue foram disputados com ardor.

Quando os sinos annunciaram a sua morte, foi uma calamidade publica, uma invasão desesperada em seu modesto aposento. Governador, bispo, magistrados, nobreza, milicias, tudo correu para o serviço funebre. Outras pessoas mortas no mesmo dia difficilmente tiveram quem as enterrasse. Milhares de individuos beijaram o cadaver exposto. Forte guarda impediu que lhe arrebatassem os vestidos. Muita gente affirmou que elle abrira os olhos, depois de morto, e exhalava suavissimo aroma.

A despeito de mil precauções, tiraram-lhe retalhos do habito e do feretro, bem como as flores que o cobriam. Sepultaram-n'o, com todas as cautelas. Dias depois appareceu desenterrado com as vestes e os cabellos cortados. Essas reliquias foram guardadas por muito tempo, como preciosidades, invocando-se o nome de João de Almeida, qual o de um grande santo.

E o vulto gigantesco de Antonio Vieira?! Dotado de magnificos talentos, um dos maiores escriptores da litteratura portugueza, orador extraordinario que chegou a invectivar do pulpito, em arroubos de sublime eloquencia, não já os poderosos da terra, mas a propria Divindade, inspirador de reis, embaixador, professor, estadista de largas vistas, adiantadissimo para a sua epoca, polyglota, amigo, e advogado dos selvagens, Antonio Vieira é uma gloria do Brazil, pois no Brazil se educou e passou a mór parte da extensa e proveitosa existencia.

A par daquelles estupendos dotes de intelligencia, ostentava raras qualidades moraes. Esmoler, abnegado, sempre rijo nos costumes, infenso aos excessos da Inquisição que o persegue, recusa os cargos e distincções. Seu desejo consistia em viver no meio dos indios, de que submetteu tribus ferozes, e fundar igrejas no sertão. Seus sermões, não raro vibrantes pamphletos, transformavam o pulpito em orgão da opinião publica, verberando os abusos dos governantes.

Nem lhe faltou a ingratidão e a injustiça. Soffreu os furores de sublevações populares; foi preso; quasi morreu a fome, revelando nesses transes grande coragem e resignação.

Na historia dos jesuitas do Brazil, figuram numerosos martyres. Em 1571, o provincial Ignacio de Azevedo e mais

67 companheiros pereceram em viagem para a Bahia, trucidados por piratas huguenotes. Refere Southey a legenda de que, morto Azevedo, não puderam os hereges arrancar-lhe das mãos um retrato da Virgem, copia do feito por S. Lucas. Arrojado ao mar, o cadaver estendeu os braços, collocando-os na postura de um crucificado. Içaram os piratas o corpo a bordo, amarraram-lhe os membros, tirando-os á força daquella attitude, e tornaram a arremnessal-o á agua. Então, ergueu-se elle direito sobre as ondas, estendeu de novo os braços da mesma fórma, segurando a pintura, á guiza de estandarte, e assim continuou até que a esquadra hereje se perdeu no horizonte. Pouco depois, passando um navio catholico pelo lugar do martyrio, subiu o corpo do seio das vagas na mesma attitude, depositou o retrato a bordo e volveu a mergulhar-se. A imagem, com os ensanguentados dedos de Azevedo nella impressos, foi exposta na Bahia á veneração dos fieis.

XXXI
Serviços dos jesuitas ao Brazil

Nem os mais ferrenhos adversarios dos jesuitas poderão negar que elles no Brazil prestaram, quando menos, estes serviços: conversão dos indios, de quem fôram sempre advogados; educação da mocidade; construcção de grandes edificios — igrejas, palacios, conventos — que passaram a ser importantes proprios nacionaes.

Quanto aos indios, lutaram contra as suas crendices e os seus vicios, combateram a polygamia, a embriaguez, a anthropophagia, chegando a arrebatar prisioneiros, prestes a serem devorados, no meio do furor da horda estupefacta. Desprendidos dos laços da terra, não só não temiam o martyrio como o ambicionavam. Arriscavam a vida todos os dias, sem o minimo interesse. Com perseverança, coragem e fé inabalaveis, debellavam os peiores obstaculos.

Começaram angariando a affeição dos pequenos selvagens. Aprendem delles algumas palavras do seu idioma. Utilisam-nos como interpretes. Captam as boas graças dos pais, visitando-lhes e curando-lhes os enfermos.

Quantas prevenções a destruir! São considerados como espiritos malignos, portadores da peste. Acreditam os indios que o baptismo produz epidemias. Usam os missionarios então de mil engenhosos estratagemas para lhes vencer a reluctancia. Baptisam com agua de que embebem os lenços e as mangas. Servem-se da musica para produzir impressão. Organisam procissões, em cuja frente cantam, como meninos de côro, pequenos indios. Os outros achegam-se attrahidos e, a pouco e pouco, dominados, começam a tomar parte no cantico.

Põem em solfa o catechismo, o credo, as orações principaes e, conseguem, assim, que os selvagens as repitam cantando, e as conservem de cor. Combatem além disso, as deturpações christans que se estabelecem em algumas tribus e, sobretudo, a má vontade dos habitantes, cujos abusos profligam e contra cuja ganancia defendem os naturaes do paiz. A sua campanha é similhante á que recentemente os abolicionistas travaram contra os escravocratas, com a differença de que os jesuitas corriam maiores riscos, soffreram muito mais, sendo victimas de revoltantes injustiças, e, afinal, expulsos.

Exprobrava o padre Leonardo Nunes a dureza de um senhor. Este irritado levanta um páo para lhe bater. O padre ajoelha-se afim de receber o golpe, mas continua a exprobração. O senhor fugiu envergonhado.

Os jesuitas eram o elemento moral da primitiva sociedade brazileira, cujos costumes buscaram elevar, não transigindo com os potentados. As primeiras escolas havidas no Brazil construiram n´as e dirigiram-n´as elles. Edificaram a primeira igreja, elles proprios amassando o barro, cortando as madeiras, executando todo o trabalho material.

Celebraram o sacrificio divino muita vez em capellas improvisadas, cobertas de folhas de palmeira. Ensinavam em humildes choças, ou ao ar livre.

Nas guerras revelavam alta bravura. Nobrega auxiliou os soldados que expelliram os francezes do Rio de Janeiro. Animava-os nos combates, collocando-se-lhes na frente, empunhando um crucifixo. Elle e Anchieta salvam Piratininga do assalto dos tamoyos confederados. Eram 20.000 indios armados, furiosos, promptos a invadir e destruir a nascente povoação. Os dois jesuitas partem sosinhos para negociar a paz. Ficam como refens no seio do exercito selvagem.

Anchieta falla-lhes no idioma delles. Elles mais de uma vez querem trucidar os dois audazes missionarios. Mas cedem á eloquencia, á força moral de ambos, cuja santidade os assombra.

A par deste, quantos outros exemplos de heroismo obscuro, de sacrificio mudo, de trabalho sem premio, de desconhecida dedicação! Nobrega, por meio de suas viagens e pelas dos padres que dissemina por todo o territorio do Brazil, estabelece troca de noticias, relações e communicações entre as capitanias isoladas.

Durante uma epidemia de bexigas que assolou o littoral do Brazil em 1665, mostram inexcedivel caridade. E nunca manifestaram ambição de mando ou fortuna, nunca fizeram mal. Qual o criminoso entre elles?

Estudaram a nossa terra com intelligencia e amor. Muitos de seus manuscriptos perderam-se nos motins de que foram victimas e na occasião da expulsão. Os escriptos que restam constituem preciosa fonte para o conhecimento do nosso passado. Organisaram cartas e roteiros, investigaram os dialectos e habitos de nossos indigenas, descobriram e apregoaram as riquezas e bellezas do nosso paiz.

Foram incontestavelmente grandes amigos nossos. Mal de nós si lhes não tributassemos respeito e gratidão.

XXXII
Os bandeirantes

Ha poesia e grandeza immensas, indomavel energia, tenacidade incomparavel, nesses bandos de aventureiros, que, sem itinerario, sem bussola, sem abrigo, guiando-se pelo curso dos rios, pelas altas montanhas ou á lei do acaso, alimentando-se dos productos da caça e da pesca, dormindo ao relento, navegando em jangadas, transpondo cachoeiras, paúes, abysmos, florestas invias, sitios quasi inaccessiveis, arrostando féras, reptis, selvagens anthropophagos, astutos e vingativos, debellando perigos mil vezes mais formidaveis que os do oceano desconhecido, atravez febres, naufragios, desastres, ferimentos, guerras, sacrificios constantes, lá se iam á conquista do remoto sertão mysterioso!

Não os detém ou amedrontam barreiras e contratempos: chuvas, seccas, frios. Si nada encontravam para comer roiam raizes que, não raro, toxicas, os matavam no meio de soffrimentos atrozes. Disputavam o terreno palmo a palmo. Mascavam hervas, sugavam o sangue de animaes mortos, quando a agua faltava. Não paravam para tratar dos enfermos ou feridos. Os que não podiam seguir ficavam abandonados nas mattas. Expedições inteiras, compostas de centenas de pessoas, partem e não voltam: desapparecem, sem deixar o minimo vestigio. A partida effectua-se sempre sem esperança de regresso. Impossivel para os que partem mandar noticias aos parentes e amigos que os não acompanham.

Uma ou outra vez acampam; semeiam cereaes; fazem a colheita, e proseguem na aspera jornada, sem destino certo. E' uma cidade que viaja, observa um escriptor: homens, mulheres, crianças, animaes domesticos, formando uma communhão erratica, segregada do resto do mundo, passando mezes e annos nas selvas, totalmente livre, — communhão, onde não se observa lei alguma escripta, afeita á resignação e sobriedade extremas, descuidosa e imprevidente; que não conta o tempo ou perde a noção delle; que ás vezes adopta os costumes e as crenças dos indios, e em cujo seio occorrem tragedias obscuras e horriveis.

E, obstinados, sem desanimar ante innumeras catastrophes, percorrem o interior do Brazil, durante um seculo inteiro, descortinam regiões enormes, realisam excursões, difficeis ainda hoje, com todos os recursos da civilisação, fazem ver a face dos brancos onde ella jámais apparecera e nunca mais appareceu. Atravessam o continente, chegam aos Andes, ao norte do Paraguay, ás cordilheiras do Perú, quebrando extraordinarias resistencias, reduzindo os indigenas á escravidão, expulsando os hespanhoes do territorio portuguez, sustentando longas e sanguinolentas campanhas, descobrindo o ouro e os diamentes.

Minas Geraes, Goyaz, Matto-Grosso, o oeste de S. Paulo foram explorados, sem intervenção do governo, graças á audaz iniciativa delles.

Quantos uteis roteiros não organisaram! A quantos lugares, montes, rios, não deram nome! Que de formosas lendas, provenientes das suas façanhas, não ataviam a imaginação popular!

Os bandeirantes — eis a nota galharda e rubra dos nossos annaes.

XXXIII
A Republica de Palmares

Ha mais de dois seculos, em pleno Brazil colonial, existiu, durante cerca de 60 annos, uma communhão de homens livres, regularmente organisada, com perto do 100.000 habitantes, — (maior população que a das antigas republicas gregas), — fortes, energicos, dedicados a trabalhos agricolas. Era constituida por negros fugidos ao captiveiro e homens de côr foragidos da justiça.

Achava-se situada na parte superior do rio São Francisco, no actual Estado de Alagoas. Chamava- se *Palmares,* por causa de extenso palmeiral que em seu territorio florescia.

Formavara-n'a varias aldeias confederadas, denominadas *mocambos* com uma capital de talvez 6.000 moradores, defendida por meio de dupla cerca de paus a pique e numerosos baluartes.

O recinto, assim fortificado, abrangia larga extensão, e só tinha tres portas. Atravessavam-n'o rios piscosos. Erguia se dentro delle o palacio do chefe *Zambi* — palavra synonyma. num dialecto africano, de divindade. Sobrelevava ao palacio altissima e escarpada rocha, servindo de torre de vigia, pois de seu cimo se avistava muito longe.

Esse asylo de desgraçados, engendrado como Roma, e cujos primeiros cidadãos tiveram de supprir a falta de mulheres roubando-as aos visinhos, á imitação dos primitivos romanos, tornou-se com o tempo formidavel pelo numero e pela disciplina. Grandemente trabalhadores cultivavam as terras ferteis e abundantes de caça. Celebravam as colheitas com estrepitosas festas.

Mantinham celleiros para os casos de guerra e carestia. Não precisavam do resto do mundo, tirando do seu proprio territorio tudo aquillo de que careciam. Faziam, porém, as vezes, correrias nos territorios circumvizinhos, respeitando os portuguezes que com elles traficavam e lhes forneciam armas e munições.

A historia dessa gente foi succintamente traçada por aquelles que a exterminaram. Tributam estes, entretanto, homenagem de respeito á coragem com que defendeu a sua independencia e ás nobres qualidades que revelou.

O chefe — Zambi — era electivo e vitalicio, escolhido pelo seu espirito de justiça e pela sua bravura. Vivia no palacio, cercado dos proceres da população. Só se lhe falava com o joelho em terra. Obedeciam-lhe cegamente. Nunca uma conspiração, revolta ou luta para empolgar o poder. Assistia ao Zambi um conselho de homens experientes.

Intenso sentimento religioso dominava em *Palmares*, mas de uma religião especial, mixto de praticas christans e idolatria africana. Adoravam o symbolo da cruz. Tinham officiaes e magistrados. Puniam com a morte — o roubo, o adulterio, o assassinio; applicavam igual pena aos que, havendo se unido a elles, tentavam fugir. Todas as tardes procedia-se á chamada para verificar quem faltava. Muito experimentados em exercicios de guerra, reinava entre elles perfeita igualdade social, apezar da hierarchia militar bem ordenada.

O governo da metropole empregou reiterados esforços para destruir *Palmares*. Expediu a respeito numerosas ordens, promulgou differentes leis que não foram cumpridas.

Aggredidos, por vezes, retaliaram os negros, assolando as povoações proximas. De 1675 a 1678, repelliram 25 investidas. Atacaram-n´os, sem resultado os hollandezes e o vencedor de Guararapes, Francisco Barreto de Menezes. O governador D. Pedro de Almeida celebrou um tratado com o Zambi Gangasuma, reconhecendo-lhes e assegurando-lhes a independencia.

Durou alguns annos a paz. Mas o governador Caetano de Mello resolveu acabar com elles. Não confiando nos recursos da sua capitania, solicitou o auxilio dos paulistas, famosos pela intrepidez.

Domingos Jorge Velho, commandando um troço de paulistas, suppoz facil a empreza de desbaratar os pretos mal armados. Procura cercal-os. Fazem elles uma sortida, destroçam os atacantes, obrigamnos á retirada. Reforços, enviados de varios pontos, engrossam o exercito de Domingos Jorge Velho. Os negros preparam-se para desesperada resistencia. Destroem os *mocambos* afastados e tudo quanto podia servir de alimentação aos brancos; concentram-se na capital.

Os paulistas assaltam-n'a com furia; buscam escalar a estacada defensiva. São rechassados, com consideraveis perdas, por meio de pedras, agua a ferver, fogo. Por fim, escasseiam as munições e os alimentos aos negros, desprovidos de armas de arremesso. Tambem os paulistas exhaustos ficam reduzidos a meia ração. Soffre-se atrozmente nos dois campos tenazes e heroicos.

Chegam novos reforços e artilheria aos paulistas. Operam estes frenetica investida; forçam uma das portas; invadem a capital de Palmares.

Então, o Zambi e os seus principaes sequazes, preferindo a morte á servidão, sobem ao cume da alcantilada rocha que sobrepujava o povoado, e, com resolução stoica, precipitam-se no vacuo.

Indiscriptivel a alegria dos vencedores! Procissões de regosijo percorrem as ruas de Olinda. Das janellas do governador atira-se dinheiro ao povo. São escravisados os poucos sobreviventes dos vencidos. Separam-se as mãis dos filhos, os maridos das esposas. Ai daquelles que inspiram a desconfiança de nutrirem idéas de desforra! O menos que se lhes faz é os exilarem para pontos remotos.

E da valente republica de Palmares não permanece sinão vaga reminiscencia, bastante, comtudo, para que um poeta inspirado a transforme em magnifica epopeia.

XXXIV
A guerra hollandeza

Oliveira Martins chama a guerra hollandeza — nova Illiada. Mas a guerra de Troia, celebrada nesta epopeia por Homero, durou dez annos. Prolongou-se por 30 a que o Brazil sustentou contra o neerlandez invasor. E, segundo D. Francisco Manoel de Mello, não ha exemplo, nos archivos da lembrança humana, de outra luta travada em analogas condições e com similhante felicidade conseguida, — luta que por si só nobilitaria a historia de um povo.

Na realidade, a guerra hollandeza mostra quanto podem a perseverança e o heroismo.

Desde o primeiro ataque á Bahia, em 1624 registam-se feitos extraordinarios, como o do bispo octogenario D. Marcos Teixeira, doutor em canones, coberto de serviços prestados em Evora, Coimbra e Lisboa, o qual troca o baculo pela espada, commanda a resistencia, trabalha em pessoa nas fortificações, morre de fadiga, depois de ter dirigido seis mezes feliz campanha contra os aggressores.

De 1630 a 1654, desajudados, sem recursos, tendo adversos a si todos os elementos, desobedecendo ao seu rei para melhor o servir, sustentam os brazileiros contra forças superiores e aguerridas, entretidas por poderosa e rica nacionalidade, tenaz e implacavel peleja, mais audaz e corajosa que a dos convencionaes francezes contra a Europa colligada.

O brazileiro Mathias de Albuquerque, batido em começo, não desanima, e traça o plano cuja execução, após vinte annos de contrariedades, assegura a victoria final.

Não consente em mitigação alguma, na contenda; quer a guerra com todo o seu rigor, não dando nem pedindo quartel. Ser ferido em combate é o mesmo que ser morto.

Confinados no Recife, já pensam os hollandezes em abandonar o Brazil, quando para elles se bandeia o mameluco Calabar. Guiados por esse brazileiro, alcançam grandes vantagens. Mathias de Albuquerque resolve retirar-se, e a população brazileira o acompanha, emigrando em massa. E' uma pagina tragica esse exodo em que os fugitivos, familias inteiras, veem-se constantemente acossados pelo inimigo e por molestias, famintos, sequiosos, perdidos no sertão bravio, cahindo aos centos. Nascem crianças nos mattos até então intransitados. Leva cada homem numa das mãos o mosquete, noutra as parcas provisões. Arrastam-se os velhos e os debeis. E abrem caminho centenas de leguas, para evitar a dominação estrangeira.

Do nada valeu aos hollandezes a administração intelligente de Mauricio de Nassau, que, em oito annos de governo, mostrou tolerancia e justiça, instituiu certas liberdades, reuniu no Recife a primeira assembléa legislativa da America do Sul, edificou palacios, manifestou-se amigo do Brazil. Eram estrangeiros e hereges. Foram expulsos; apagaram-sehes os vestigios.

Quantos episodios legendarios! Num forte do Rio Formoso, 20 brazileiros oppõem-se á arremettida de 500 hollandezes. Entram estes, afinal; mas encontram 19 cadaveres. Ferido, escapara a nado o ultimo dos defensores.

O brazileiro Luiz Barbalho, á frente de 1300 homens atravessa 400 leguas do territorio occupado pelo inimigo, conquistando passagem á ponta de espada, batalhando todos os dias.

D. Maria de Souza perdera dois filhos e um genro em combate. Ao perder terceiro filho, chama dois que lhe restavam, um de 14 e outro de 13 annos. annuncia-lhes a morte do irmão, entrega-lhes armas e manda-os pelejar, mostrando-se elles dignos de tal mãi.

Muito se notabilisaram as mulheres nesta guerra. D. Clara, esposa de Camarão, batia-se a cavallo, ao lado do intemerato marido. Em Tejecupapo, senhoras e donzellas armadas de espingardas e lanças, repelliram numa trincheira as forças do almirante Lichthardt.

Numa capitulação, admitte-se que os padres saiam de pistola á cinta, como soldados.

Os hollandezes confessaram que combatiam um povo valoroso e agil. Durante a guerra, mandou o governador do Maranhão explorar o Amazonas até Quito.

Na batalha de Tabocas, apparece, distribuindo cartuchos, formosissima mulher, trajando de branco e azul, trazendo nos braços um menino e junto a si um ancião. Acreditam os soldados que era Nossa Senhora, cujo nome invocavam no meio do conflicto, cantando a Salve Rainha, e Santo Antonio, de que os calvinistas haviam profanado uma capella.

Portugal chegou a querer ceder Pernambuco á Hollanda. Mas os brazileiros, fazendo mais do que aquelle reino e o de Hespanha, não o consentiram, e desafogaram o seu territorio, na phrase de Antonio Vieira, restituindo a El-Rei 3 cidades, 8 villas, 14 fortalezas, 4 capitanias e trezentas leguas de costas tomadas ao invasor.

Na guerra hollandeza, observa Oliveira Lima, reunem-se harmonicamente todos os elementos que formam o brazileiro. É o portuguez, representado por João Fernandes Vieira que manda incendiar os cannaviaes de sua propriedade para tirar recursos ao inimigo e a quem o papa Leão X confere o titulo de restaurador do catholicismo na America, — João Fernandes Vieira, cabeça da revolta, typo do colono laborioso e rijo; é o indio Camarão, symbolicamente desapparecido antes do triumpho final: é o negro Henrique Dias, dez vezes ferido, prestativo, incançavel, paciente e denodado; é o brazileiro André Vidal de Negreiros, representando o producto da integração desses tres elementos, — generoso, desprendido e altivo.

XXXV
A retirada da Laguna

Um dos feitos mais gloriosos da historia universal é a retirada atravez da Asia Menor, quatro seculos antes de Christo, de dez mil gregos que tinham ido combater a favor de Cyro, o joven.

Vendo-se sem recursos em paiz estrangeiro, á grande distancia da sua patria, rodeiados de inimigos que lhes assassinam traiçoeiramente os generaes, prestes estavam a render-se, quando lhes assume o commando o moço Xenophonte o lhes dirige a viagem de 600 leguas, em 122 dias, por paizes barbaros e desconhecidos, superando os mil obstaculos accumulados pela perfidia de gentes adversas, pelas intemperies de rigorosos climas o pela natureza asperrima.

Graças á coragem, prudencia e sabedoria dos chefes, bem como á perseverança e disciplina dos soldados, atravessam valles, montanhas, rios; vencem traições, assaltos, falta de viveres, discordias, toda sorte de perigos; chegam emfim a salvamento.

E Xenophonte se immortalisa escrevendo os episodios do commettimento em que fôra parte importante. A nossa historia regista successo analogo, em que as tropas brazileiras mostraram constancia e heroismo, iguaes, sinão superiores, aos dos gregos, sustentando luta mais terrivel, passando por maiores riscos, arrostando peiores provações.

Nem nos faltou quem, como Xenophonte, tendo sido um dos actores do drama, o descrevesse depois num livro admiravel.

Alfredo de Escragnolle Taunay, mais tarde Visconde de Taunay, foi um dos officiaes da expedição que, em 1865, ao começar a guerra do Paraguay, operou no sul de Matto-Grosso, havendo sido obrigada a retirar-se de Laguna, naquelle paiz, até o rio Aquidauana, no territorio nacional. Narrou Escragnolle Taunay as peripecias do facto num trabalho que a critica nacional e européa proclamaram rival do de Xenophonte.

O corpo de exercito, incumbido de invadir o norte do Paraguay, caminhou 320 leguas e gastou dois annos antes de attingir o seu ponto de destino, perdendo um terço do pessoal em varias e terriveis epidemias, uma das quaes victimou o primeiro commandante.

Com viveres insuficientes, falta de meios de transporte, dispondo de poucas munições, sem animaes de montaria, sem esperar reforços, sem conhecer a região onde manobrava, cumpre a ordem de penetrar no territorio inimigo, julgando assim auxiliar a execução do plano geral da campanha.

E' uma pequena columna, desprovida de cavallos, perdida em vastos espaços desertos. Entretanto, toma uma fortaleza, reehassa em varios reecontros o adversario.

Resolve, porém, emprehender a retirada — essa difficil operação de guerra, executada por quem não mais nutre esperança ou enthusiasmo, e, arrependido, experimenta as consequencias de uma falta commettida.

Em 35 dias, percorrem os retirantes 39 leguas, constantemente perseguidos de todos os lados pela poderosa e audaz cavallaria contraria, combatendo todas as horas, assaltados desde que paravam, constrangidos a se privar das bagagens, ficando só com a roupa que vestiam.

Marcham em terrenos alagados, ou cobertos de altas e duras hervas que é preciso cortar a facão, e, deitadas em terra, dilaceram os pés.

Os paraguayos continuamente lançam fogo a essas hervas, convertendo a planicie numa fornalha, envolvendo os brazileiros num circulo de chammas. Alimentando-se de vegetaes putrefactos, curtindo o supplicio da fome e o da sede, suffocados e cegos pela fumaça, lambidos por linguas de fogo, exacerbado pelo vento, recebendo constantes descargas, desalojando o inimigo de qualquer fonte que se lhes depare, proseguem impavidos. Morrem asphyxiados ou em consequencias de queimaduras. Ora os abrasa um sol implacavel, ora os inundam chuvas torrenciaes e geladas, aggravando o lodaçal do caminho, erriçado agora de taquaras duras e cortantes como espadas e que, pegando fogo, detonavam como tiros de artilheria.

Proseguem, no meio de tal inversão de estações e tamanha desordem dos elementos que a natureza parecia revoltada contra elles, — sem ar respiravel, acabrunhados, presas quasi de sombrio desespero. Como si já não bastassem tantos males e desastres, eis que se manifesta entre elles tremenda epidemia de *cholera-morbus.*

O flagello faz numerosas victimas. Não ha remedios para centenas de enfermos que deliram e se estorcem sob os raios coruscantes do sol, ou açoitados de chuvas diluviaes. Muitos enlouquecem. Um se suicida.

Torna-se tão angustiosa a situação que os chefes deliberam abandonar no matto os enfermos, afim de que os ainda não contaminados pudessem ir por diante. Executa-se a terrivel ordem. Os soldados sãos largam os doentes, — companheiros, parentes, amigos. Resignam-se estes com o desprendimento da vida proprio do brazileiro. Formulam apenas um pedido: que se lhes deixe um pouco d'agua! São 130 os condemnados innocentes assim desamparados, sob a simples protecção de um appello, por meio de pequeno cartaz, á generosidade dos paraguayos: graça para os cholericos!

Concluido o lugubre holocausto, põe-se em marcha a columna, sem volver a cabeça. Apenas se afasta, ouvem-se atraz tiros, clamores. Alguns vultos levantam-se, correm, cahem. E' o inimigo que ataca os moribundos. A columna instinctivamente retarda o passo. Ninguem a alcança. Só um dos cholericos escapou milagrosamente e, mais tarde, depois de soffrimentos indiziveis, reuniu-se aos retirantes. Pouparam-n'o os paraguayos em vista do seu grau de prostração. «Não se fere um cadaver» disseram.

Morrem de cholera em quarenta e oito horas dois guias, o immediato do commandante e o proprio commandante, mostrando este calma e coragem estupendas.

A columna está extenuada, reduzida a menos de metade da gente com que invadiu o Paraguay, sem contar entre os mortos mulheres, crianças, mercadores, empregados de serviço. Passa por todas as miserias por que o homem pode passar, sem succumbir.

Commanda-a um capitão. Mas chega em boa ordem ao lugar determinado. Não deixou prisioneiros. Conserva os seus estandartes e canhões. Patenteia qual a força de resistencia da alma brazileira e de quanto é capaz, em o dever lhe exigindo sacrificios.

XXXVI
A independencia do Brazil

O Brazil deixou de depender da metropole em começo de 1808, quando a côrte portugueza se mudou para o Rio de Janeiro, elevado a capital da monarchia. O principe regente D. João o proclamou no manifesto explicativo da mudança, dizendo erguer a voz no seio do novo imperio que viera fundar. Em 1822, apenas se deu a separação de Portugal.

Por conseguinte, foi o Brazil o primeiro paiz da America latina que adquiriu autonomia.

Só no correr de 1809, pronunciou-se em Quito o movimento inicial da libertação das colonias hespanholas, movimento logo suffocado.

Já vimos que na primitiva organisação do Brazil o regimen das capitanias, a corôa portugueza conservou sobre ellas mero protectorado, com poderes restrictos. No systema seguinte, que prevaleceu até á revolução portugueza de 1820, o dos governos geraes, havia verdadeira constituição, pois os regimentos das autoridades lhes prestabeleciam as attribuições e os deveres.

Desde a mais remota epoca, manifestou o nosso povo espirito de isenção e dignidade. Não se humilhava aos depositarios do poder. Quando os governadores abusavam, não tardavam protestos. Mais de uma municipalidade enviou procuradores a Lisboa defender seus direitos e formular reclamações. Assim, o districto de Campos de Goytacazes que em 1720 se revoltou contra os seus donatarios. Usavam esses procuradores da mais altiva linguagem para com El-Rei. João Francisco Lisboa cita a representação que o da Camara do Maranhão, Manoel Gonçalves Aranha, redigiu em 1677, como modelo de respeitosa hombridade. A Camara do Rio de Janeiro obteve que El-Rei extranhasse o procedimento do governador Salvador Corrêa, contra o qual representara. O povo depoz mais de um governador. O de Pernambuco, Jeronymo de Mendonça Furtado, foi preso pela gente de Olinda numa procissão e remettido para Lisboa.

Em 1641, os paulistas quizeram proclamar Amador Bueno seu rei. Em 1711, o pernambucano Bernardo Vieira de Mello; em 1720 o mineiro Felippe dos Santos; em 1789, novamente mineiros, entre os quaes Tiradentes, que expiou no patibulo seu sublime sonho, pensam na independencia da Patria, muito antes que em outros pontos da America tal idéa se manifestasse. Em 1817, proclama-se a republica de Pernambuco. Os herdeiros dos donatarios de Pernambuco haviam, no rigor do dominio colonial, intentado um processo á coroa que se viu coagida a transigir. Durante o reinado de D. Pedro I, o eleitorado mineiro derrotou o ministro José Antônio da Silva Maya, por quem, ao que se dizia, cabalava em pessoa o Imperador. Sob o Sr. D. Pedro II, igual demonstração de liberdade eleitoral occorreu com 6 ministros de Estado que, em varios pleitos, foram repudiados nas urnas, os Srs. Pedro Luiz, Homem de Mello, Bento de Paula e Souza, André Fleury, Matta Machado e Nascimento Portella.

Mas não faltam escriptores pouco escrupulosos que timbram em achincalhar o nosso passado, principalmente o modo como se operou a separação de Portugal, em 1822. Basta recordar alguns factos para mostrar que nada se praticou então de desairoso para nós, mas, ao contrario, succedeu muita cousa digna de admiração.

Ao embarcar para a Europa, em Abril de 1821, confia D. João VI ao principe D. Pedro a administração e governo supremo e provisorio do reino do Brazil. A 23 de Maio do mesmo anno, decreta D. Pedro a liberdade de imprensa, antecipando, por esta e outras medidas, o regimen constitucional. A 9 de Janeiro de 1822, declara permanecer no Brazil, em desobediencia formal á imposição das cortês portuguezas. A força armada de Portugal, existente no Rio, busca prender D. Pedro e embarcal-o á força. E' D. Pedro quem, empregando maxima energia, disposto á luta material, constrange a divisão lusitana a render-se e a embarcar. A 16 de Fevereiro, convoca para se reunir no Rio um conselho de procuradores geraes de todas as provincias brazileiras. A 21 do mesmo mez, prohibe a execução no Brazil, sem a sua sancçâo, de ordens e leis daquellas côrtes. A 3 de Junho, convoca uma assembléa legislativa e constituinte incumbida de organisar a constituição pela qual devesse reger-se o continente brazileiro. Finalmente, a 7 de Setembro, nas margens do Ypiranga, proclama a inteira separação da antiga metropole. A separação foi, pois, o resultado de longa série de grandes actos, denotadores de energia, perseverança e civismo nada vulgares.

Não se ultimou essa separação sem luta e derramamento de sangue. O Brazil armou-se, formou exercito e esquadra, contractou officiaes estrangeiros quaes Cochrane, Mariath, Norton, Taylor, Greenfeld e Labatut. Feriram-se combates em terra e no mar. D. João VI envia emissarios a D. Pedro que recusa recebel-os e os obriga a regressarem, devolvendo as cartas do pai. Portugal solicita a mediação ingleza, no intuito de terminar-se a guerra. Graças a essa mediação, celebra-se a convenção de 29 de Agosto de 1825, em virtude da qual Portugal reconhece a independencia do Brazil. Fizeram-se concessões mutuas na convenção, cedendo o Brazil á vantagem de ser reconhecido por Portugal, afim de que as mais nações da Europa também o reconhecessem. A prova de que o tratado não nos era infenso está na indignação publica que levantou em Portugal, obtendo a custo o gabinete inglez a ratificação.

Como o Brazil se obrigara a pagar dois milhões de libras esterlinas, ou melhor, assumira a responsabilidade de um emprestimo dessa quantia, contraindo por Portugal em Londres, acoimaram alguns opposicionistas o tratado de carta de alforria, afirmando que compramos a nossa independencia. Excessos de linguagem injustos e injustificados!

Proveio aquelle compromisso de um ajuste de contas, tendo por fim extinguir reclamações de parte a parte. Representou o valor de palacios e outras propriedades particulares de D. João VI no Brazil. Com a separação, apoderara-se este de parte do patrimonio até então commum. Ficaram, demais, pertencendo ao Brazil, mediante a obrigação referida, mercadorias sequestradas, embarcações surtas nos portos, predios rusticos e urbanos, navios aprezados em alto mar, numerosos vasos de guerra. A continuação da campanha teria custado mais. Porém, objectar-se-ha, poderia o Brazil vencer afinal e nada pagar.

E' exacto. Honra lhe seja, entretanto, ter preferido, no começo de sua existencia nacional, não fazer questão de dinheiro, praticando para com a velha mãi patria empobrecida e fraca um acto de honestidade ou cavalheirismo.

XXXVII
Grandes nomes da nossa historia

Fulgurara na historia brazileira nomes notaveis, e bellos exemplos de civismo, desinteresse, coragem, honestidade. A muitos ainda não se tributou a devida justiça.

Pouco se fala, por exemplo, em Pero Lopes de Souza, navegador e chronista, do qual dizia a Martim Affonso de Souza a Conde da Castanheira, ministro d'El-Rei: «vosso irmão está feito um homem muito honrado, e outra vez vos affirmo muito honrado.»

Entre os governadores geraes, foram não raros homens superiores, a começar pelo primeiro, Thomé de Souza, de quem tambem o Conde da Castanheira affirmava — que lhe ia achando cada vez mais qualidades boas, tendo sobre todas a de ser sisudo.

Mem de Sá, integro e bom; Manoel Telles Barreto de Menezes, emerito administrador; Mathias de Albuquerque, e André Vidal de Negreiros, heróes da guerra hollandeza; Gomes Freire de Andrade, que administrou o sul do Brazil 30 annos, immortalisado no poema *Uruguay;* o Marquez de Lavradio, o Conde da Cunha, o Conde de Azambuja, Luiz de Vasconcellos e outros deixaram nobres traços na gestão dos negocios publicos. Manoel Bequimão e Tiradentes equiparam-se ás mais puras victimas das idéas generosas. Alexandre de Gusmão, estadista e diplomata, merecedor da confiança de D. João V; José da Silva Lisboa, Visconde de Cayrú, escriptor, erudito, inspirador da abertura dos portos brazileiros a todas as nações; Hypolito José da Costa que, exilado em Londres, redigia magnifico jornal sobre cousas da Patria, advogando adiantadas idéas; Evaristo Ferreira da Veiga, modesto livreiro, jornalista, promotor de uma revolução, de que, pessoalmente, nenhum proveito colheu; Diogo Antonio Feijó, o padre energico e patriota; José Bonifácio de Andrada e Silva, sabio, poeta, homem de Estado, com duas vidas, igualmente illustres, — uma em Portugal, onde descobre novas especies mineraes, dirige a construcção de obras publicas, exerce altos cargos de instrucção, politica e magistratura, combate contra os soldados de Napoleão, — outra no Brazil, onde contribue efficazmente para a separação e organisa o Imperio nascente; o Duque de Caxias, o general calmo e reflectido, nunca derrotado, vencedor de quatro revoluções e duas guerras externas; Mariz e Barros, stoico qual Mucio Scoevola, ante o soffrimento e a morte; Porto Alegre, a encarnação da valentia elegante e criteriosa; Osorio o typo do general impetuoso e bravo, são individualidades que honram qualquer nação, concretisam o que de mais alto tem produzido a humanidade.

Em todos os ramos da actividade social, figuram distinctamente brazileiros. Na poesia, eis Gregorio de Mattos, o grande satyrico; eis José Basilio da Gama, o illustre epico, amigo de Pombal, um dos poucos que guardam fidelidade a este estadista na desgraça; eis Gonçalves Dias, o sublime lyrico; eis Fagundes Varella; eis Castro Alves, e tantos mais. Na historia, João Francisco Lisboa allia a erudição de Taine ao estylo de Tacito. Na philosophia e na critica, Tobias Barreto; no direito, Teixeira de Freitas derramam clarões geniaes. Na musica, temos José Mauricio Nunes Garcia, o padre mestiço, tão merecidamente distinguido por D. João VI; temos Carlos Gomes, inspirado compositor, de nomeada universal. Na sciencia, o botanico Conceição Velloso, o naturalista Alexandre Rodrigues Ferreira, o cirurgião Manoel Feliciano.

O brazileiro José de Lacerda atravessa a Africa em 1798. Pertence a um brazileiro o descobrimento da navegação aérea. Na verdade, os apparelhos aerostaticos foram inventados pelo santista Bartholomeu de Gusmão, irmão do celebre Alexandre de Gusmão. Attestam documentos irrecusaveis que Bartholomeu experimentou seu invento em Lisboa, no anno de 1709, 74 annos antes de fazerem iguaes experiencias em França os irmãos Mongolfier (1783). A estes, entretanto, costuma-se attribuir a prioridade. Na petição endereçada por Bartholomeu naquella data a El-Rei, declara elle ter engendrado um instrumento para andar sobre o ar e sobre a terra, com o qual se poderia ir até os polos e alcançar grandes vantagens na arte da guerra, — como correspondencia, e sahidas de praças sitiadas. Assim, ha cerca de 200 annos, concebeu Bartholomeu a idéa da tentativa que o capitão Andrée quiz realizar relativamente ao polo do norte, bem como a do serviço aerostatico na arte militar. Gambetta, em 1870, retirou-se, num balão, de Paris assediado pelos allemães. O mineiro Santos Dumont descobre a dirigibilidade dos balões.

Entre os grandes vultos do Brazil, cumpre mencionar D. Pedro I, que nascido em Portugal, para aqui veio aos nove annos, aqui se educou e formou o caracter, aqui passou 23 annos da sua breve existencia. Quaesquer que hajam sido seus erros, não se póde negar a muita gloria dessa existencia fecunda. Possuia elle altas qualidades: cavalheirismo, coragem, franquesa, actividade. José Bonifacio a quem banira, tornou-se, depois de 1831, chefe do partido restaurador. Devemos immenso a José Bonifacio e a Martim Francisco na separação definitiva de Portugal. Mas foi antes de chamar ao poder os Andradas que D. Pedro praticou actos decisivos, quaes desobedecer categoricamente ás ordens das Côrtes de Lisboa e obrigar a embarcarem para Europa as tropas portuguezas que pensaram em promover a execução de taes ordens. A 7 de Setembro, no Ypiranga, José Bonifacio não estava ao lado de D. Pedro.

No dia da abdicação, 7 de Abril de 1831, aconselha aos soldados fieis que se reunam aos companheiros revoltados, declarando não desejar o sacrificio de pessoa alguma. «Tudo para o povo, nada pelo povo» — era a sua maxima. Si alguem se humilhava diante delle, exclamava: «Trata-me como homem!»

Abdicando, entrega seus filhos menores, sem mãi, ao povo triumphante na revolução, tamanha confiança depositava no caracter desse povo. Nomeia tutor delles José Bonifacio, adversario da vespera. Despede-se dos amigos, pedindo-lhes perdão das offensas que porventura lhes irrogara. Quase, afinal, seus graves crimes contra o progresso e a civilisação do Brazil? Si faltas commetteu, prestou serviços que as resgatam.

Na Europa, manifesta heroismo extraordinario durante a campanha contra D. Miguel. «Eu o vi com estes olhos, refere Antonio Feliciano de Castilho, comer um pão negro entre os soldados, jazer na terra nua, agarrar no alvião para ensinar a construir uma trincheira; vi ser preciso para o fazer retirar de um ponto onde as balas choviam um general intimar-lhe ordem de prisão, em nome da rainha. Estava no hospital, vi-o entre os feridos, atando-lhes as ligaduras, e consolando-os; no arsenal, elle encartuchava a polvora; nas baterias, amestrava os artilheiros; depois da victoria, distribuia por suas mãos as distincções.»

Ao morrer, mandou chamar um soldado razo que pertencesse ao batalhão que fizera o cerco do Porto. Abraça-o, rogando que transmittisse o abraço aos camaradas. O soldado durante longo tempo soffre ataques de nervos, pela commoção que experimentara.

D. Pedro expirou aos 36 annos incompletos, tendo fundado um esperançoso imperio, libertado um antigo reino, renunciado duas corôas, servido duas Patrias, deixando fama immortal na Europa e na America.

XXXVIII
D. Pedro II

Eis o grande vulto da historia brazileira. E' motivo de desvanecimento para espiritos reflectidos o ter nascido no meio social que o produzio. Já começam a lhe render justiça os proprios que o depuzeram do throno e o baniram. Consideram-n´o, pelo menos, um bom, um desinteressado, um amigo da Patria. Epoca virá, não mui remota, em que unanimemente se lhe reconhecerá a benemerencia, proclamando-o a nação inteira o mais eminente dos brazileiros, o mais nobre dos americanos (sem exceptuar Washington e Bolivar), umas das figuras mais sympathicas e venerandas da historia universal.

Como se presta a bello poema a sua alta, pura e proficua existencia! Quantos curiosos ou elevados episodios; digno cada qual de immortalisar uma memoria!

Vede-o aos cinco annos, orphão de mãi, sem um proximo parente de maior idade que por elle velasse, entregue por seu pai aos azares de uma revolução victoriosa. Eil-o o Imperador menino, trepado numa cadeira, delirantemente acclamado pelos grandes funccionarios, pela tropa, pela multidão.

Effectua-se no Brazil a primeira experiencia dos governos electivos. Um decennio de luctas, indisciplina, perturbações, anarchia. Transforma-se a Regencia de provisoria em definitiva, promove a reforma da Constituição, passa a ser constituida, em vez de tres membros, de um regente unico, eleito por todo o Brazil. Em vão! A despeito da energia de Feijó e da capacidade de Araújo Lima, não se dissolveu o paiz, porque o pequenino Imperador era o symbolo efficaz da união. Sua fragil existencia, no dizer de Saint Hilaire, oppunha barreira ás ambições separatistas.

Educava-se elle de modo completo, revelando extraordinaria precocidade, dotado de eminentes faculdades de sentimento e razão, grave, applicado, desejoso de tudo aprender, — desejo que manteve sempre ardente até os ultimos dias da vida.

Taes qualidades, tamanhas esperanças despertaram no Parlamento que, no intuito de debellar os males publicos, julgaram dever adeantar de tres annos a data de sua maioridade politica, confiando-lhe desde logo a suprema direcção nacional.

Contava D. Pedro 15 annos. Com decisão e coragem, aceitou a tremenda responsabilidade que se lhe offerecia, e encetou esse reinado de progresso, liberdade e justiça, cuja recordação enche de reconhecimento todo verdadeiro coração patriota, pois, durante elle, o Brazil exerceu incontestada hegemonia na America do Sul.

Do balanço do seu meio seculo de administração resulta enorme saldo de beneficios.

Reprimiu o caudilhismo no Brazil e no Prata, garantio 40 annos de paz interna, suffocou cinco revoluções, — em S. Paulo, Minas, Maranhão, Rio Grande do Sul e

Pernambuco, — sustentou tres gloriosas guerras externas, destruindo tres tyrannias, — a de Rosas, a de Aguirre e a de Lopez; assegurou a independencia do Uruguay e do Paraguay; contribuiu decisivamente para a libertação de dois milhões de escravos.

A' victoria sobre as revoluções seguiu-se sempre ampla e generosa amnistia. Na guerra contra Rosas, triumphou o Brazil onde a França e a Inglaterra haviam naufragado. Nunca aproveitou suas vantagens para opprimir vizinhos mais fracos. O Imperador era alliado de todos os espiritos liberaes do Prata. Nada impoz ao Paraguay, depois de tel-o vencido com ingente sacrificio. Organisou ali o governo republicano que, sob o despotismo de Francia, Lopez I e Lopez II, era até então desconhecido dos paraguayos, e determinou - lhes a abolição do captiveiro. Tres vezes servio de arbitro em questões internacionaes de grande monta, entre poderosas nacionalidades. Defendeu, com extrema energia, a dignidade do Brazil contra nações fortes, como a Inglaterra, vendo-se esta obrigada a nos dar satisfação cabal.

Basta comparar o Brazil de 1840 — (5 milhões de habitantes, dos quaes 2 milhões de escravos, 16 mil contos de renda, 50 mil contos de producção total, sem estradas de ferro, — com o Brazil de 1889, — 14 milhões de homens livres, 153 mil contos de renda, cerca de 500 mil contos de producção, mais de nove mil kilometros de vias ferreas em trafego) — para verificar a immensa prosperidade alcançada sob as vistas de D. Pedro.

Presidiu elle á inauguração das nossas primeiras estradas de ferro, linhas de vapores e telegraphicas, principaes obras publicas; á introducção em massa de colonos estrangeiros; ao desenvolvimento da instrucção publica; á expansão do nosso credito, cotado, nos ultimos annos da monarchia, acima do dos mais influentes Estados. Lavoura, commercio, industria, tudo medrou.

Escravo da lei, procurou conciliar os partidos, apasiguar as paixões, acatar a liberdade, secundar o progresso.

Carlos Ribeyrolles, amigo de Victor Hugo, exilado da França por Napoleão III, escreveu que no Brazil não se conheciam processos politicos, nem prisioneiros de Estado, nem restricções á imprensa, nem conspirações, gozando-se de absoluta independencia espiritual, graças a D. Pedro, cuja magestade consistia, não nas suas prerogativas, mas no seu caracter pessoal.

Numerosos viajantes estrangeiros vindos ao Brazil, tributam iguaes encomios ao Imperador.

Nenhum soberano jámais obteve tanta consideração e popularidade na Europa e nos Estados Unidos.

Glorificarara-n'o Goblet, Schoelcher, Jules Simon, Longfollow, Agassiz, Dumas, Mistral, Camillo Castello Branco, Cesar Cantú, Lesseps, Pasteur, em cujo Instituto de Paris figura o busto delle. Alexandre Herculano, independente até á selvageria, tece-lhe louvores. Darwin declara que todos os sabios lhe devem o maior respeito. Lamartine colloca-o acima do grande Frederico. Mitre chama-lhe chefe de uma democracia coroada. Victor Hugo proclama-o neto de Marco Aurelio, Gladstone aponta-o como modelo dos reis — benção e exemplo da sua raça.

Amigo de todos os homens notaveis de seu tempo adivinhou o genio de Wagner a quem, em 1857, pediu uma opera para ser cantada no Rio de Janeiro.

Membro do Instituto de França e de todas as grandes sociedades scientificas e litterarias do mundo, protector das sciencias, das lettras e das artes, auxiliou Pedro Américo, Victor Meirelles, Carlos Gomes, Almeida Junior, Varnaghen, Gonçalves Dias, Macedo, Porto Alegre, Magalhães, cuja *Confederação dos Tamoyos* foi luxuosamente editada, á custa delle. Quantos estudantes pobres educou, quantos artistas favoreceu!

Considerai o seu civismo, a sua actividade indefessa, no correr da campanha do Paraguay, para as despezas da qual cedeu a quarta parte da sua dotação, o seu zelo extremo no exercicio dos deveres publicos e privados, a sua benevolencia, a sua probidade, a sua tolerancia, a sua philanthropia, a sua encantadora brandura, a sua simplicidade spartana, — elle ligado aos Bourbons, aos Habsburgos, ás mais nobres e altivas familias do universo!

Achava-se moribundo em Milão, sacramentado, ungido, quando lhe communicam a votação da lei de 13 de Maio de 1888 que declarou extincta a escravidão no Brazil. Derramou lagrimas de alegria, murmurando: «Grande povo! Grande povo!» E a commoção jubilosa lhe soergueu as forças, operou um milagre, podendo mais do que os cuidados e os medicamentos.

Naquella cidade, em Pariz, em Baden-Baden, Bruxellas, Marselha, Florença, Napoles, — onde quer que elle se encontrasse, — recebia significativas homenagens da população, elevando-se assim o nome do Brazil. Alto, imponente, cheio de distincção natural, provocava acclamações. Em Cannes, depois de desthronado, os *Felibres de Prorence* lhe dedicaram pittoresca festa e o elegeram seu socio, appellidando-o *o rei dos imperadores.*

Como se preoccupava com a instrucção publica, animando-a quanto em si cabia, assistindo infatigavel a exames, concursos, distribuição de premios! «Si eu não fôra Imperador quizera ser mestre de escola», costumava exclamar. «Nada conheço de tão nobre accrescentava, — como dirigir jovens intelligencias, preparar os homens do futuro.» Quizeram erigir-lhe um palacio, condigno da sua posição. Exigiu que o dinheiro destinado á construcção se applicasse á de escolas. Finda a guerra do Paraguay, a Municipalidade e o povo do Rio projectaram elevar-lhe uma estatua. Recusou peremptoriamente, determinando que á avultada quantia recolhida por subscripção se désse o destino da do palacio. «Será a melhor maneira de perpetuar, — escreveu então, — a confiança que tive no patriotismo dos brazileiros.»

Jamais usou do veto constitucional, jamais embaraçou uma reforma, jamais consentiu num exilio, ou numa execução capital, quando provocada a sua intervenção, jamais alimentou sentimentos de odio, prevenção, vingança ou perseguição contra quem quer que fosse, jamais conheceu inimigos. Os revolucionarios da vespera occupavam os mais elevados cargos politicos no dia seguinte.

Funccionario perfeito, esposo e pai exemplar acolhia cada manhã quantos o procuravam, attencioso e paternal para com todos. Recebia desse modo, dizia, a sua familia brazileira. Como Pericles, nunca fez cidadão algum tomar luto. Homem de bem na extensão da palavra, muita vez contrariou importantes interesses, sem que ninguem ousasse lhe attribuir equivocas intenções.

Os livros, eis seus maiores amigos. Baldo de recursos, no exilio, quasi em estado de pobresa, legou ao Instituto Historico, que fundara, ao Museu e á Bibliotheca Nacional a magnifica livraria de 60.000 volumes que cuidadosamente ajuntara, bem como as suas collecções numismaticas e mineralogicas, sem estimativa possivel.

Não permittiu que lhe accrescentassem a lista civil, quando o Parlamento, attendendo á depreciação da moeda, augmentou os vencimentos de todos os funccionarios.

A mór parte da sua dotação, dispendia-a em obras de caridade. De uma feita, tomou emprestados 60 contos de réis para libertar anonymamente um lote de escravos. Muitos desses infelizes foram educados a expensas suas.

Bem merece o qualificativo de Magnanimo, que lhe conferiu a Academia Franceza, quem apresenta, sem um deslise, predicados quaes os que pallidamente recordamos.

Apeiado do throno, banido da Patria, ninguem accusou, não lavrou um protesto, não formulou uma queixa, no meio de tamanhas ingratidões e iniquidades. No desterro, a sua grandeza e hombridade attingem grau incomparavel. Sempre prompto a servir o Brazil, offereceu-se, quando se agitou a questão do Oyapock, a auxiliar com informações o ministro da republica brazileira em Pariz. Propalando-se que o sabio Koch havia descoberto em Berlim o preventivo contra a tuberculose, adquiriu elle immediatamente boa porção do medicamento para remettel-o á Santa Casa do Rio de Janeiro. Cahindo pauperrimo do throno, os proprios vencedores da revolução que o derribara prestaram-lhe a homenagem de lhe pôr á disposição forte quantia para o seu sustento, o que elle nobremente rejeitou. A Constituição republicana de 1891 assegurou-lhe uma pensão emquanto elle vivesse, da qual tambem se não serviu.

Uma apotheose a sua morte, occorrida em modesto hotel de Paris! Collocaram um pouco de terra do Brazil, guardada adrede para esse fim por ordem sua, debaixo de sua cabeça, no caixão. Prestou-lhe honras soberanas a Republica Franceza. De toda parte accorreram representantes de reis e imperadores a render-lhe o preito supremo. A imprensa universal cobriu-se de luto, sentimento compartido pela massa popular. O trem funebre que transportou o seu cadaver a Lisboa, atravessou a Hespanha e Portugal, entre unanimes e grandiosas demonstrações de pezar e veneração.

E lá descança em S. Vicente de Fora, longe do Brazil que tanto amou, tanto serviu, tanto exalçou.

Mas ha de voltar; ha de tornar-se legendaria a sua memoria immortal. Ha de voltar triumphalmente, sim, para jazer ao lado dos seus queridos compatriotas, do mesmo modo que de Santa Helena volveram as cinzas de Napoleão, afim de repousarem nos Invalidos, como elle pedira, junto das de seus bravos.

E a historia reconhecerá que a gloria do Imperador brazileiro é mais alta e mais pura que a do sanguinario Imperador francez, anniquillado em Waterloo.

XXXIX
A escravidão no Brazil

Si é exacto que o Brazil se demorou em abolir a escravidão, não menos certo é que em parte alguma a questão foi solvida de modo mais intelligente e honroso.

Não nos deve envergonhar o facto de havermos mantido a maldita instituição. Quasi todos os povos o praticaram. Theologos e doutores da Igreja sustentaram a sua legitimidade. Ao começar este seculo, ademittia ainda a Inglaterra o trafico dos negros, com o qual enriqueceu e cuja suppressão difficilmente conseguiu. Em França, só em 1848 extinguiu-se a escravidão nas colonias. Nos Estados Unidos, o illustre Washington era escravagista. A abolição custou ali tremenda guerra civil, durante cerca de cinco annos, de 1860 a 1865. Nunca possuiram os brazileiros um Codigo Negro, como os inglezes, francezes e americanos do norte. Restringiam estes ultimos em certos Estados o direito de libertar; noutros, de todo a lei o impedia. Depois de liberto, era o ex-escravo obrigado a sahir do lugar onde vivera, sob pena de ser de novo escravisado. Commettiam os senhores revoltantes crueldades que Henriqueta Beecher Stowe descreveu no seu famoso romance *A Cabana do pai Thomaz*. Prohibiam alguns que os homens de côr, mesmo livres, aprendessem a ler e a escrever. Até hoje, luctam os americanos do norte com o *problema negro*. Os homens de côr formam ali classe segregada e oppressa, sem as regalias sociaes dos demais cidadãos. Não ha casamentos entre pessoas de côr differente. A pelle escura é uma depreciação, um estigma, um motivo de aversão por parte dos brancos. Os pretos veem-se excluidos dos lugares publicos. Como já assignalamos, têm até igrejas e cemiterios á parte.

No Brazil representavam os escravos a quarta parte da população, eram os unicos trabalhadores agricolas e residia na agricultura a fonte primordial da riqueza publica. Mais ardua do que alhures, tornava-se, pois, a decisão da materia que envolvia interesses vitaes.

Desde o seculo XVIII, entretanto, vozes generosas protestaram, em nome da moral e do direito, contra o captiveiro. O Brazil não o amou ou defendeu; apenas o tolerava. Condemnava-se universalmente entre nós a propriedade servil. Os denominados escravocratas jamais se oppuzeram radicalmente á libertação; queriam só que ella se effectuasse em prazo longo, e mediante uma indemnisação, destinada á reorganisação do serviço agricola. Nunca pegaram em armas para preservar o triste regimen, herdado dos antepassados. Raros os senhores crueis. No geral, tratavam os negros como christãos, não lhes recusando os consolos da religião, permittindo que fundassem irmandades só delles: S. Benedicto e Nossa Senhora do Rosario.

Mitigavam a sorte desses infelizes a caridade, a philanthropia e bellos costumes da população, quaes o apadrinhamento, as alforrias na pia.

Com alforrias se commemorava qualquer facto importante, ou festa de familia. Os libertos adoptavam, não raro, o sobrenome dos antigos senhores. Cargos e posições lhes ficavam accessiveis, sem separação social.

A emancipação se operou progressivamente, para que a producção nacional não soffresse. A profunda reforma realizou-se de modo pacifico. Em 1831, a lei prohibiu o trafico de africanos; em 1871, proclamou livres os filhos de mulher escrava; em 1885, considerou tambem livre os captivos sexagenarios; em 1888, declarou extincta a escravidão no Brazil. Procedeu com sabedoria o legislador, cerceando por todos os lados a instituição, melhorando a pouco e pouco a situação das victimas, prohibindo o apartamento das familias, promovendo e facilitando a iniciativa emancipadora. cogitando da educação dos ingenuos, evitando abalos e attritos nocivos ao bem publico.

Todavia, não se chegou sem lucta, commoção e perigo, á victoria final. Houve, em começo, agitação e opposição violenta por parte dos interessados. Arcou com innumeros e sérios obstaculos a brilhante propaganda abolicionista em que tantos nomes se illustraram na imprensa, na tribuna, nas associações libertadoras. Em virtude dessa propaganda, entraram os senhores a manumittir os proprios escravos. Amazonas e Ceará se emancipam, no meio de solemnisações magnificas. Accelera-se o movimento. Dão-se libertações em massa. Os escravos vão abandonando então as fazendas, emquanto a policia e o exercito recusam-se a perseguil-os. A' força que porventura lhes embargava o passo, diziam: «atirai sobre nós; não nos defenderemos;

desejamos apenas trabalhar, como homens livres!» Insurgidos, conservam calma e digna attitude. Grupos numerosos e fortes atravessam silenciosos cidades e villas, sem o menor abuso, indo procurar os abolicionistas ou os lavradores que já haviam inaugurado a liberdade em suas terras.

Cerca de dois milhões de captivos emancipam-se em 17 annos, mais de 100 mil por anno. O parlamento discutiu e votou em 5 dias o projecto de lei offerecido pelo governo, declarando extincta a escravidão no Brazil, sendo ouvidos sem desrespeito, apezar da impaciencia geral, os oradores contrarios que se manifestaram com maxima isenção. Seguiram-se demonstrações de applauso e regosijo publicos quaes não se tinham visto ainda e nunca mais se viram. A data da sanção da lei, — 13 de Maio, — foi considerada desde logo pelo enthusiasmo popular como de festa nacional.

Todo o mundo civilisado celebrou o modo como o Brazil superara a terrivel crise. Em honra da nossa Patria, percorreu Buenos Aires imponente procissão civica, dirigida pelos dois preclaros ex-presidentes da Republica — Mitre e Sarmiento. Em Paris, as summidades das lettras e da politica acclamaram o Brazil. A princeza D. Isabel, que em prol da abolição arriscara o seu throno, signataria da lei, concedeu o Papa Leão XIII a suprema distincção da *Rosa de Ouro*. Si os poderes competentes não precipitassem a abolição, ella em breve se completaria pelo consenso dos senhores. A lei não extinguiu, mas declarou extincta a escravidão no Brazil.

Ultimado o triumpho, encorporaram-se os ex-escravos á população, em perfeito pé de igualdade. A elles mesmos e a seus descendentes desvendaram-se os vastos horisontes abertos a todos os habitantes do Brazil. Muitos permaneceram nas antigas fazendas, continuando a trabalhar, sem resentimentos reciprocos, ao lado dos seus ex-donos.

Em que ponto do globo, em que pagina da historia se regista uma revolução social, economica e politica desta magnitude e alcance executada de maneira tão nobre?

XL
Resumo das grandezas do Brazil

Ficou demonstrado que:

— O Brazil constitue um dos mais vastos paizes da terra, capaz de conter toda a população nella existente;

— Reune immensas vantagens a essa grandeza territorial, quaes a situação geographica, a homogeneidade material e moral, o progresso constante;

— E' bellissimo — encerrando maravilhas sem emulas no universo, como o Amazonas, a cachoeira de Paulo Affonso, a floresta virgem, a bahia do Rio de Janeiro;

— Possue riquezas incalculaveis, — tudo quanto de precioso se encontra no globo;

— Goza de perpetua primavera, sem jamais conhecer temperaturas extremas;

— Não soffre as calamidades que costumam affligir a humanidade: — vulcões, terremotos, cyclones, inundações, abundancia de animaes ferozes;

— Resulta a sua população da fusão de tres dignas e valorosas raças;

— Bom, pacifico, ordeiro, serviçal, sensivel, sem preconceitos, não deturpa o caracter desse povo nenhum vicio que lhe seja peculiar, ou defeito insusceptivel de correcção;

— Nunca soffreu humilhações, nunca fez mal, nunca perdeu uma polegada do seu solo, nunca foi vencido, antes tem vencido poderosas nações;

— Sempre procedeu honesta e cavalheirosamente para com os outros povos, livrando, com absoluta abnegação, de odiosas tyrannias seus vizinhos mais fracos;

— Cheio de curiosidades naturaes, depara elevadas glorias a quem o estudar e amar;

— Na sua historia, relacionada com os mais notaveis acontecimentos da especie humana, escasseiam guerras civis e effusões de sangue, sobejando feitos heroicos, formosas legendas, preclaras figuras, luminosos exemplos;

— Primeiro paiz autonomo da America latina, segundo do Novo Mundo, sempre manifestou espirito de independencia, desfructou liberdades desconhecidas em outras nações, mostrou-se apto para todas as melhorias, produziu representantes distinctos em qualquer ramo da actividade social, resolveu com calma e sensatez, á luz do direito, a mór parte das suas questões, acolheu carinhosamente quem quer que o procurasse, augmentou sem cessar.

Nestas condições, o Brazil é um paiz privilegiado, reunindo elementos que lhe conferem primazia sobre todos os mais. Importa ingratidão para com a Providencia invejar outras nações, não nutrir a ufania de ter nascido brazileiro. Foi bello o quinhão que nos coube. Outros povos apenas se avantajam ao nosso naquillo que a idade secular lhes conquistou. O Brazil poderá tornar-se o que elles são. Elles nunca serão o que é o Brazil.

Qual o que em absoluto nos excede? Nenhum, dadas as nossas circumstancias, faria mais do que fizemos.

Quando nos lançarem em rosto as grandezas alheias, consideremos as suas miserias. Tem elles primores d'arte? Nós possuimos portentos naturaes, sem duvida melhores. Apresentam cultura mais fina? Lá chegaremos, pois para isso nos sobra capacidade. Pompeiam luxos esplendidos? Offerecemos incomparaveis suavidades de existencia. Vangloriara-se de rutilante passado? Aguarda-nos deslumbrante porvir. Patenteiam maior força armada? Vivemos mais tranquillos, mais fraternalmente.

A Inglaterra com a sua formidavel expansão; a Italia com os seus monumentos; a França com os seus artistas; a Allemanha com a sua sciencia, não nos acabrunham, mas despertam nobre emulação. Nada disso nos é inaccessivel. Exhibimos titulos equivalentes para merecer o respeito, a estima e a admiração universaes.

O brazileiro, em ultima analyse, passa dias mais felizes que o allemão, o francez, o inglez, dias mais tranquillos, mais risonhos, mais esperançosos.

Ha, pois, em ser brazileiro o gozo de um beneficio, uma vantagem, uma superioridade.

XLI
Perigos que ameaçam o Brazil

Nenhum problema insoluvel, nenhum perigo inevitavel ameaça o desenvolvimento do Brazil. Não vive elle, como os paizes de Europa, sob a pressão de questões irritantes e conflictos imminentes com os vizinhos. Apenas duas apprehensões assaltam o espirito de quem medita sobre os seus destinos, si continuar a ter maus governos e instituições incompativeis com a sua indole. São essas apprehensões: — separação do territorio nacional em varios Estados; intervenção nos seus negocios de alguma potencia estrangeira.

Mas, quanto á primeira, não ha por ora symptomas alarmantes. A tendencia da evolução humana é para as grandes agglomerações. Após luctas e embaraços ingentes, a Inglaterra chamou a si a Escossia e a Irlanda; uniram-se a Hespanha, a Italia, a Allemanha. E lá chocavam-se correntes oppostas, tradições hostis, mil elementos heterogeneos. No Brazil, não ha antagonismos entre as partes que o compõem. Cimenta-as, ao contrario, forte solidariedade. O Brazil é perfeitamente homogeneo, material e moralmente, pelo lado social e pelo lado ethnico, pois nelle se cruzam e se fundem todas as raças. Lucraremos, sem excepção, em permanecer um vasto conjunto intimamente ligado e compacto. Exigem-n'o, impoem-no poderosos interesses. Ainda quando, por desgraça geral, anti-patriotica e cega politica determinasse a scisão, ella seria forçosamente passageira.

Erguer-se-hia incontinenti um valente partido com a bandeira da juncção e, em breve prazo, triumpharia, como triumphou em outras regiões de vinculos menos solidos. A unificação se realizaria em nome de um passado quatro vezes secular.

Quanto á intervenção estrangeira, não estamos livres, — é exacto, — de soffrer as consequencias do desarrazoado movimento de expansão que levou a França a Madagascar, os Estados Unidos ás Philippinas, e vai retalhando o Imperio Chinez. Seria ingenuidade contarmos com auxilio alheio ou com o prestigio do nosso direito. Vêde o sacrificio do Transvaal. Não dispomos nem poderiamos dispor de meios materiaes capazes de rechassarem as nações militarisadas e conquistadoras. O recurso consiste na prudencia e elevação do nosso procedimento. Não forneçamos pretextos e occasiões. Adquiramos a força moral que sustenta a pequena Suissa independente e altiva no meio de avassaladores vizinhos. A dignidade e a honra inspiram respeito instinctivo. Prestes se achava Paris a ser devastado pelas hordas de Attila, o flagello de Deus. E foram contidos os hunos ferozes, não pelas armas, mas por Santa Genoveva, uma simples pastora. Tambem a eloquencia e a magestade de S. Leão evitaram a Roma o assalto dos barbaros. Já gozamos de credito inexcedivel. E' recuperal-o.

Poderemos resistir, além disso. Quem já expulsou os francezes do Rio de Janeiro e do Maranhão, quem combateu trinta annos e afinal venceu os hollandezes, lutará vantajosamente, si quizer, contra qualquer invasor. Não perderemos com facilidade uma autonomia de cem annos, opulenta de recordações liberaes, passemos, embora, por tremendas crises, similhantes á da Allemanha, após Iena, á da França, em seguida a Sedan, crises inherentes á condição humana e não sem vantagens, porquanto ensinam e virilisam. Tenhamos patriotismo, eis em ultima analyse o preservativo, eis o remedio.

Superior ás coacções da força — diz Renan, —o que une e constituo as nações é o sentimento do passado, a posse em commum de um rico legado de tradições, o desejo de viver juntos e a incessante vontade de manter e continuar a fazer valer indiviza a herança recebida.

Depende simplesmente dos brazileiros unir e constituir assim o Brazil.

XLII
O futuro do Brazil

Com os elementos congregados em si, póde o Brazil, como nenhum outro paiz, caminhar desassombrado, o olhar alto, o passo firme. Desempenhará nos negocios humanos papel proporcional ao lugar que occupa no Globo. Como José Bonifácio declarava em 1789, perante a Academia Real de Lisboa, está preparado para novo assento de sciencias, para fóco de nova civilisação.

E' verdade que a grandeza não deriva da simples posse de dons valiosos, mas do seu sabio aproveitamento. Porque, porém, deixaremos de pôr em acção os nossos prodigiosos recursos? Quando não o quizessemos, seriamos forçados a isso pela ordem natural das cousas, á lei infallivel do desenvolvimento das forças e das necessidades. Viveremos, cresceremos, prosperaremos. A educação, o aperfeiçoamento, hão de vir. Somos ainda uma aurora. Chegaremos necessariamente ao brilho e ao calor do meio dia. Ao terminar o seculo XIX, já constituimos a 2ª potência do Novo Mundo, a 1ª da America do Sul, a 1ª em extensão e a 3ª em população da raça latina. Seremos a 2ª ou a 1ª do orbe, quando a hegemonia se deslocar da Europa para a America, o que fatalmente succederá. Encarnaremos então as qualidades, guardaremos as tradições, representaremos os serviços dos latinos no trabalho universal. Si taes qualidades, tradições e serviços são eminentes (e quem ousará negal-o?) eminente será a nossa missão. Não temos o direito de desanimar nunca. Assiste-nos o dever de confiar sempre. Desanimar no Brazil equivale a uma injustiça, a uma ingratidão; é um crime. Cumpre que a esperança se torne entre nós, não uma virtude, mas estricta obrigação civica.

Desanimar, porque? quando nada nos falta que não possamos conseguir? Penosissima embora a situação actual, é incomparavelmente mais auspiciosa que a da Grecia, a da Italia, a de Portugal, a da França mesmo.

Quão menos grave que a dos Estados europeus! Neste, a população emigra; naquelle decresce cada dia. Vive condemnada em todos a não largar as armas, minada pela miseria, dividida por odios implacaveis, explorada pelo argentarismo, ameaçada pelos anarchistas. Apezar de tudo, lá não desanimam. Havemos nós de desanimar?!

Não! Compenetremo-nos das nossas responsabilidades, ufanemo-nos do que somos, mostremo-nos dignos de tamanhas vantagens e beneficios, façamos, em summa, o nosso dever.

Confiemos. Ha uma logica immanente: de tantas premissas de grandeza só sahirá grandiosa conclusão. Confiemos em nós proprios, confiemos no porvir, confiemos, sobretudo, em Deus que não nos outorgaria dadivas tão preciosas para que as desperdiçassemos esterilmente. Deus não nos abandonará. Si aquinhoou o Brazil de modo especialmente magnanimo, é porque lhe reserva alevantados destinos.

Villa Petiote.
PETROPOLIS, 8 DE SETEMBRO DE 1900.

NOTA

Os principaes factos e observações componentes deste opusculo, colheu-os o autor nos livros de Elisée Reclus, Southey, Porto Seguro, Wappoeus, João Francisco Lisboa, Barão do Rio Branco, João Ribeiro e de outros que escreveram sobre o Brazil. Nem sempre foram citados nomes e obras, com indicações precisas, por se tratar de ligeiro trabalho de vulgarisação.

POR QUE ME UFANO DO MEU PAÍS

AFFONSO CELSO

VERSÃO ATUALIZADA

I
Para quem e para que foi composto este opúsculo

As páginas que aí vão — escrevi-as para vós, meus filhos, ao celebrar a nossa Pátria o quarto centenário do seu descobrimento. Sorri-me a esperança de que encontrareis nelas prazer e proveito.

Consiste a minha primordial ambição em vos dar exemplos e conselhos que vos façam úteis à vossa família, à vossa nação e à vossa espécie, tornando-vos fortes, bons, felizes. Se de meus ensinamentos colherdes algum fruto, descansarei satisfeito de haver cumprido a minha missão.

Entre esses ensinamentos, avulta o do patriotismo. Quero que consagreis sempre ilimitado amor à região onde nascestes, servindo-a com dedicação absoluta, destinando-lhe o melhor da vossa inteligência, os primores do vosso sentimento, o mais fecundo da vossa atividade — dispostos a quaisquer sacrifícios por ela, inclusive o da vida.

Embora padeçais por causa da Pátria, cumpre que lhe voteis alto, firme, desinteressado afeto, o qual, longe de esmorecer, — aumente, quando desconhecido, injustamente aquilatado, ou ingratamente retribuído, e, jamais, em circunstância nenhuma, vacile, descreia, ou se entibie.

Mas cumpre igualmente que não seja um amor irrefletido e cego, e sim raciocinado, robustecido pela observação, assente em sólidas e convincentes razões.

Não deveis prezar a vossa terra só porque é vossa terra, o que, aliás, bastaria. Sobejam motivos para que tenhais também orgulho da vossa nacionalidade. A natureza não constitui o seu exclusivo e principal título de vanglória.

Ousa afirmar muita gente que ser brasileiro importa condição de inferioridade. Ignorância, ou má-fé! Ser brasileiro significa distinção e vantagem. Assiste-vos o direito de proclamar, cheios de desvanecimento, a vossa origem, sem receio de confrontar o Brasil com os primeiros países do mundo. Vários existem mais prósperos, mais poderosos, mais brilhantes que o nosso. Nenhum mais digno, mais rico de fundadas promessas, mais invejável.

Nas linhas que se seguem procurei demonstrar estes assertos. Não as inspira entusiasmo, mas experiência e estudo. Já me alonguei da quadra em que o entusiasmo domina.

Mais de meio caminho da jornada está percorrido. Andei em demoradas viagens por grande extensão do orbe. Tenho lido e meditado muito, tenho sofrido duras decepções.

E me sinto amigo do meu país, cada dia em grau superior ao do antecedente. Em nenhum outro, fixaria de bom grado o domicílio. Peço que me deitem aqui, somente aqui, para o sono supremo.

Quereis saber os fundamentos desse culto? A leitura dos argumentos e fatos, adiante singelamente expostos, vo-lo mostrará.

Avigorai, meus filhos, estes argumentos; juntai novos fatos a tais fatos; propagai-os; cultivai, engrandecei o amor pelo Brasil.

Que a vossa geração exceda a minha e as precedentes, senão em semelhante amor, ao menos nas ocasiões de o comprovar. Quando disserdes: "Somos brasileiros!" levantai a cabeça, transbordantes de nobre ufania. Convencei-vos de que deveis agradecer quotidianamente a Deus o haver Ele vos outorgado por berço o Brasil.

II
Primeiro motivo da superioridade do Brasil: a sua grandeza territorial

O Brasil é um dos mais vastos países do globo, o mais vasto da raça latina, o mais vasto do Novo Mundo, à exceção dos Estados Unidos.

É pouco menor que toda a Europa.

Rivaliza em tamanho com o conjunto dos outros países da América Meridional. Representa uma décima quinta parte do orbe terráqueo. Só a Rússia, a China e os Estados Unidos o excedem em extensão. É quatorze vezes maior do que a França, cerca de trezentas vezes maior do que a Bélgica.

A sua circunscrição territorial menos dilatada, Sergipe, sobreleva a Holanda, a Dinamarca, a Suíça, o Haiti e Salvador. Cada um dos municípios em que se subdivide a mais ampla, Amazonas, equivale a Estados, como Portugal, Bulgária e Grécia.

Pará, Goiás, Mato Grosso ultrapassam qualquer nação europeia, salvante a Rússia.

O Brasil é um mundo.

Quer isto dizer que se a população do Brasil igualar a densidade da população belga, tornar-se-á superior à que se calcula existir hoje na terra inteira. Basta que essa densidade seja, como a de Portugal, para a população ascender a 400 milhões. Ascenderá a um bilhão se a densidade emular com a das ilhas britânicas.

Já se estima num terço da população latina do Novo Mundo a atual do Brasil. Ocupa o 13° lugar entre as nações mais povoadas do globo, só tendo acima de si as dos impérios anglo-índico, chinês, e russo, a da França e colônias, a dos Estados Unidos e colônias, a da Alemanha e colônias, a do Japão, a da Áustria-Hungria, a da Holanda e colônias, a da Itália e colônias, a do império Otomano, e a da Bélgica com o Estado do Congo.

Das nações latinas só distanciam o Brasil em população a França e a Itália. Quanto à Espanha, a sua população presentemente, se não é inferior, é igual à do Brasil.

Tem esta dobrado de trinta em trinta anos. Se continuar assim a progressão (e tudo indica que aumentará: a população de S. Paulo triplicou em dez anos), o Brasil nos meados do século XX sobrepujará em número de habitantes a França dos nossos dias.

III

Vantagens unidas à grandeza territorial do Brasil

A enorme extensão do Brasil forma um todo homogêneo, bem situado, servido por magníficos rios, facilmente acessível.

Comunicam-se entre si, do modo mais natural, todos os elementos desse conjunto, quer pelo mar, quer pelo interior.

Ocupa ele a parte central do continente. Acha-se mais perto da Europa e da África que qualquer ponto da América espanhola, o que o torna em extremo favorável ao comércio e à navegação.

Oferece mais de mil léguas de costas, com uma infinidade de portos e enseadas, como que adrede abertos para acolherem os visitantes.

Constitui tão gigantesco território um resumo da superfície do planeta, exceto as regiões polares.

Descobre-se nele tudo quanto o mundo possui de melhor. Pode suprir por si só as necessidades físicas das inumeráveis multidões que o povoarem.

À flora brasileira, maravilhosamente rica, é dado se juntarem todas as flores e frutas do universo. Nenhuma é incompatível com a nossa natureza. Não há planta exótica que, convenientemente tratada, deixe de germinar no Brasil.

Homens de não importa que procedência encontram também no Brasil, escolhendo zona, meio adequado para prosperar.

Negros, brancos, peles-vermelhas, mestiços vivem aqui em abundância e paz.

IV
Outras vantagens da grandeza territorial do Brasil

Certo, a simples grandeza territorial não confere a um país superioridade sobre os mais. Há na África imensas regiões sem valor. O Saara é enorme.

Por outro lado, países pequenos imortalizaram-se pelas suas artes, filosofia, inventos, virtudes. O espírito da Grécia antiga ainda domina. Portugal avassalou os mares. A Suíça hodierna impõe-se ao respeito e à admiração gerais.

Mas a tendência dos Estados foi sempre, e é, avantajarem-se em território, dilatarem as suas fronteiras. Tal outrora a ambição da Pérsia, da Macedônia, de Roma, de Cartago. Tal a dos principais povos da Europa contemporânea, na sua política de expansão colonial, que tantos atentados contra o direito e tantos sacrifícios têm custado.

Quantas guerras de conquista não registra a história?

Tiram os homens orgulho da grandeza territorial de sua pátria. O moderno inglês, como o antigo espanhol, enche-se de altaneria, ao repetir que, nos domínios de sua coroa, o sol não se deita.

Sonham os povos ver a sua bandeira cobrir a maior superfície possível. Nenhum se resigna a sofrer diminuição no seu solo.

Doado pela Providência, recebeu o Brasil aquilo que outros países, derramando rios de sangue, imensas dificuldades tiveram em alcançar.

À exceção de relativamente insignificante zona no sul, não é fruto de conquista seu vastíssimo território, nem se constituiu aos poucos, trabalhosamente. É hoje o que foi — geográfica, compacta, solidamente unido. Importa, sem dúvida, esse fato um relevante elemento de excelência e primazia.

Somos uma grande nação. Ampla porção do mundo nos pertence. Formamos um conjunto solidário do qual nada perdemos, há quatrocentos anos, apesar de poderosos governos terem tentado, por vezes repetidas, arrancar-lhe pedaços.

E a essa vastidão territorial se aliam a identidade de língua, de costumes, de religião, de interesses. Nenhum antagonismo separa os grupos componentes da população. Não nutrem eles aspirações antinômicas, nem conhecem tradições hostis. Nada justifica o receio de que apareçam motivos sérios de dissensão, de modo que o imenso todo se fragmente.

Fornece tudo isto incontestáveis motivos de superioridade.

Somos filhos de um bondoso, sadio, robusto colosso.

Refere a Bíblia que Saul foi proclamado rei, por ser mais alto que todo o seu povo, do ombro para cima.

O Brasil sobreleva em tamanho quase todos os países do globo. Quando lhe falecessem outros títulos à precedência (e esses títulos abundam) bastava-lhe a grandeza física.

V

Segundo motivo da superioridade do Brasil: a sua beleza

Não há no mundo país mais belo do que o Brasil. Quantos o visitam atestam e proclamam essa incomparável beleza.

Dentro do enorme perímetro brasileiro, encontra-se tudo o que de pitoresco e grandioso oferece a terra. Ainda mais: encontra-se, em matéria de panorama, tudo o que ardente imaginação possa fantasiar. E os espetáculos são tão variados quanto magníficos.

Observa João Francisco Lisboa, no *Jornal de Timon*, que os sentimentos experimentados pelos primeiros exploradores do Brasil, ao darem vista das nossas costas, eram de intensa surpresa e admiração.

A tal ponto os maravilhava o aspecto pomposo da terra inculta e selvagem, — continua o exímio literato maranhense, — que a todos eles acudia espontâneo o pensamento de que, sem dúvida, nesta abençoada região estivera outrora situado o paraíso terreal.

Tal conjectura foi debatida, com incrível gravidade, durante bom número de anos.

Amerigo Vespucci, numa carta publicada em 1504, opina que, a haver aquele paraíso, não devia ser longe das nossas plagas.

Mais tarde, e por longo tempo, acreditou-se que no Brasil permanecia o fabuloso Eldorado.

No documento mais venerando da nossa história colonial, segundo Porto Seguro, a epístola de Pero Vaz de Caminha a El-Rei D. Manoel, noticiando o descobrimento de Cabral, diz o insigne cronista que a praia é muito formosa, com arvoredo tanto, tamanho e tão basto e de tantas plumagens que não pode homem dar conta.

Entre o escritores dos tempos coloniais, o padre jesuíta Simão de Vasconcelos, nas *Notícias Curiosas*, declara que capitães e cosmógrafos não viram cousa igual no universo todo, à perspectiva da nova terra "que é um espanto da natureza e faz vantagem aos campos elísios, hortos pênseis e ilha de Atlanta".

Rocha Pita, na *História da América Portuguesa*, afirma que do novo mundo é a melhor porção o Brasil — "felicíssimo terreno, em cuja superfície tudo são frutas, em cujo centro tudo são tesouros, em cujas montanhas e costas tudo são aromas".

"Em nenhuma outra região, — acrescenta, — se mostra o céu mais sereno, nem madruga mais bela a aurora: o sol em nenhum outro hemisfério tem os raios tão dourados, nem os reflexos noturnos tão brilhantes: as estrelas são as mais benignas, e se mostram sempre alegres: os horizontes, ou nasça o sol ou se sepulte, estão sempre claros; as águas, ou se tomem nas fontes pelos campos, ou dentro das povoações nos aquedutos são as mais puras... A formosa variedade de suas formas, na desconcertada proporção dos montes, na conforme desunião das praias, compõe uma tão igual harmonia de objetos que não sabem os olhos onde melhor possam empregar a vista."

Pondera Claude d'Abbeville que "nada há de comparável à beleza e delícias desta terra, bem como à sua fecundidade e abundância em tudo quanto o homem possa imaginar e desejar, assim para o contentamento e regalo do corpo, em relação a temperatura do ar e a amenidade do sítio, como para a aquisição de riquezas".

Em 1624, relata Simão Estácio da Silveira que a excelência do Brasil consiste em muitas cousas notórias. "A primeira no ameníssimo céu e salubérrimo ar, de que goza, onde sempre é verão e sempre está o campo e arvoredo verde, carregado de infinita diversidade de frutas, cujos nomes, sabores, feições, excedem a toda declaração humana."

Mostra João Francisco Lisboa, — de quem tomamos estes excertos — que Laert, Lery, Pinçon e outros escritores que visitaram o Brasil ainda em tempos pouco posteriores ao descobrimento, não têm limites nos louvores aos dotes naturais do país.

Idêntica impressão de agradável assombro produziu ele nos sábios e viajantes contemporâneos que o percorreram, — alguns verdadeiras celebridades universais. Alexandre de Humboldt coloca a majestade e a calma das nossas noites tropicais entre os maiores gozos proporcionados pelas cenas da natureza; exalta a indizível lindeza das nossas palmeiras, cujos penachos formam às vezes uma floresta sobre outra floresta; assegura que a zona vizinha ao equador é a parte da superfície do planeta, onde, em menor extensão, se despertam mais numerosas variedades de impressões, ostentando quer a terra, quer o céu todos os seus multíplices esplendores.

Inúmeros outros autores celebram enlevados as formosuras do Brasil, rico de paisagens para quaisquer preferências.

Ninguém há que, pisando o nosso território, deixe de se encantar pela natureza. Tornou-se proverbial a admiração que ela provoca.

Vistas dela tiradas se exibem como modelos nos mais exigentes centros artísticos.

Sustenta Maurício Lamberg que o céu do Brasil é mais formoso do que o europeu, brilhando aqui a lua e as estrelas como em nenhuma outra região, pois são superiores as nossas condições atmosféricas.

Comprova assim o viajante alemão a verdade dos poéticos conceitos de Gonçalves Dias:

> "*Nosso céu tem mais estrelas,*
> *Nossas várzeas têm mais flores,*
> *Nossos bosques têm mais vida,*
> *Nossa vida mais amores.*"

Na realidade, o firmamento austral encerra mais estrelas de primeira grandeza que o boreal, entre as quais as componentes do famoso Cruzeiro do Sul.

Impossível seria descrever minuciosamente os primores do Brasil, que tais o poeta não encontrava na Europa, e cuja magnificência impressiona os estrangeiros mais que os nacionais, por estarem estes habituados a gozá-la.

No meio de muitas maravilhas que, em grau menor, existem em outras zonas, possui o Brasil, sem êmulas, quatro grandes curiosidades naturais.

São: o Amazonas, a cachoeira de Paulo Afonso, a floresta virgem e a baía do Rio de Janeiro.

Cada uma bastaria, por si só, a notabilizar um país.

VI
O Amazonas

Uma das maravilhas da natureza, o maior rio do mundo! A sua bacia é igual a 5/6 da Europa. Uma de suas ilhas, a de Marajó, excede em tamanho a Suíça.

Nem todo ele pertence ao Brasil, mas a parte brasileira é, senão a mais extensa, a mais importante, curiosa e rica. Quem quiser conhecer o Amazonas tem de vir ao Brasil.

No Brasil, o *mar doce*, como lhe chamaram os primeiros exploradores, atira-se ao Atlântico, rolando rapidamente para este tal quantidade d'água que quem voga no imenso estuário da embocadura, pergunta (diz um escritor) se o oceano não deve a sua existência a esse rio e se não passa de um receptáculo do líquido trazido por ele sem cessar.

O rio luta com o oceano; vence-o. Durante largo espaço, impõe-lhe a cor e o gosto das suas águas.

Nem sempre o jugo é tolerado sem revolta. Do embate entre a massa fluvial e a marítima provém, às vezes, o fenômeno, das *pororocas*, em que a segunda faz a primeira retroceder. Na linha de encontro das massas opostas, intumesce, levanta-se a grandes alturas um vagalhão colossal que se arremessa, com estrondo estupendo, sobre o leito do rio, derribando e arrastando diante de si tudo quanto ouse se lhe antepor. A esse vagalhão sucedem outro e outro, igualmente bramantes e destruidores. O estrondo se espalha até considerável distância. Depois, volta o silêncio augusto, o curso normal das cousas. O mar tentou rebelar-se. Ei-lo impotente, subjugado de pronto pelo rio.

Sempre largo e navegável, com enchentes, vazantes, uma espécie de maré, assemelha-se ao mar em muitos lugares.

Nas cheias, desaparecem quase todas as ilhas que o povoam, inundam-se os terrenos marginais. Não se lhe pode então fixar limites. Torna-se verdadeiro mar interior, de profundidade extraordinária.

Fértil em incalculáveis riquezas, oferece o Amazonas indizível variedade de aspectos, revelando constantemente amplitude, força e majestade infinitas.

Apresenta atrativos inúmeros ao viajante, ao sábio, ao artista, nos seus arquipélagos de verdura; nas florestas das suas ribas, habitadas algumas por indômitos selvagens; na profusão de seus canais, labirintos, ou galerias de folhagens, com abóbadas de ramas entrelaçadas, sob as quais passam dificilmente, em misteriosa penumbra, as embarcações. E a multidão de canoeiros que o singram, gente bizarra, manobrando com habilidade incomparável o frágil esquife em passos arriscados, ritmando o movimento dos remos pela toada de poéticas cantigas?!...

São-lhe tributários numerosos afluentes, vários inexplorados ainda. Abrem-se-lhe aos dois lados, como gigantescos leques de rios, cada qual com a sua individualidade, as suas ilhas, os seus canais, as suas selvas, as suas peculiaridades, notáveis muitos por si sós.

Tortuosos estes; retilíneos aqueles; série de lagos, terceiros; correndo uns sem obstáculos; constituindo-se outros de sucessivas escadas de cachoeiras; ora de marcha vertiginosa, ora lentos, ora de correnteza apenas perceptível; revelando- se aqui apáticos e indolentes; além, impetuosos e tumultuários; desenvolvendo-se de meandro em meandro; formando remoinhos espumejantes, remansos, torrentes; ostentando águas de variegados matizes: brancas, amareladas, cerúleas, negras, transparentes.

A uns o Amazonas acolhe-os propício, absorvendo-os, misturando-se logo com eles.

Recebe relutante outros que só penosamente se diluem em seu seio. Na época da enchente, fica tudo incomensurável planície líquida.

Procissões de árvores arrancadas desfilam boiando sobre a correnteza. As que resistem desaparecem, submersas.

Em vindo a vazante, destacam-se das margens corroídas pedaços de barranco que, ilhas movediças, levando plantas e animais, pássaros trepados nos ramos, répteis agarrados aos troncos, seguem flutuando e se derretem aos poucos.

Outras ocasiões, enormes madeiros se entrecruzam, atam-se, amontoam-se ao longo das ribas, ou engendram gigantescas jangadas que derivam.

Quantas cenas grandiosas e pitorescas! Eis os tapuios amarrando a canoa a um tronco transportado pela água, à guisa de rebocador. Dispensam o remo. Se o vento aumenta e vagas altas ameaçam o lenho ligeiro, os tripulantes o introduzem num cortejo de ervas que o protege, atenua a força da correnteza, regulariza os movimentos. E lá se vão tranquilos, independentes, felizes.

No seu percurso de milhares de quilômetros, nunca deixa o Amazonas de ser prodigiosamente opulento em peixes, — duas vezes mais que o Mediterrâneo. Contam-se milhares de espécies peculiares a ele, muitas descobertas por Agassiz, as quais mudam de aspecto conforme as paragens. A par do peixe-boi e do peixe-elétrico, miríades de camarões microscópicos, tão saborosos como os comuns. Pulula a vida ali. Habitam as florestas das ilhas e margens, florestas formadas de preciosíssimas madeiras, populações inumeráveis de insetos, répteis, mamíferos, maravilhosos pela variedade, originalidade e beleza das formas, brilho e cor. Centenas de famílias de pássaros, alegram a solidão. Enumeram-se duas vezes mais classes de borboletas do que em toda a Europa.

Aí a pátria dos famosos seringais, produtores da borracha, de mil aplicações na indústria, monopólio quase do Brasil.

E, além do Amazonas, fertilizam o Brasil o São Francisco, o Paraná, o Tocantins, pouco menos colossais e notáveis, formando inigualável rede fluvial, com cachoeiras esplêndidas, rápidos que se descem em uma hora e se sobem em quinze dias, inúmeras curiosidades naturais.

O Tocantins abre passagem denodadamente através largas trincheiras de formidáveis rochedos. O Araguaia que se une a ele passa, num lugar chamado Martírios, estrangulado entre paredes de granito cobertas de esculturas, nas quais julgam os canoeiros reconhecer imagens do suplício de Jesus.

VII
A Cachoeira de Paulo Afonso

Os americanos do norte têm imenso orgulho da sua Catarata do Niágara, que Chateaubriand qualificou — uma coluna d'água do dilúvio.

O Brasil possui maravilha igual, senão superior, — a cachoeira de Paulo Afonso.

Encontra-se nesta tudo quanto naquela encanta, apavora e maravilha.

É a mesma enorme massa líquida, a rolar de vertiginosa altura, em fervilhante precipício; o mesmo estrondo, repercutindo em prodigiosa distância; a mesma trepidação dos arredores, como que a prenunciar um terremoto; o mesmo abismo continuamente trovejante, regurgitando de espumas e do qual se elevam nuvens de alvos vapores, cortados de arco-íris permanentes; a mesma imagem turbilhonante do caos; — produzindo tudo a mesma impressão, a princípio confusa e aterradora, depois extraordinária, miraculosa, sublime, parecendo menos um espetáculo do que portentosa visão.

Porém, Paulo Afonso oferece mais selvagem poesia e maior variedade de aspectos do que o Niágara.

O rio S. Francisco, que a forma, desfila, antes de chegar a ela, no meio de um dédalo de ilhas, ilhotas, recifes, pedras isoladas, de surpreendente efeito pitoresco.

De súbito, apertada entre colossais muralhas graníticas, divide-se a torrente, para o salto tremendo, em três gigantescos braços, — quatro no tempo da cheia, — separados por estranhos grupos de rochedos, enquanto múltiplos jatos copiosos e independentes, entrechocam-se no ar, projetando em todas as direções, flechas irisadas, flocos argênteos, nevoeiros diamantinos, poeira úmida.

Transposto o estreito canal, continua o rio seu curso, oitenta metros abaixo, no fundo da voragem, com violência, rapidez e impetuosidade indizíveis, despenhando-se ainda em pequenas cachoeiras, fumegante, retorcendo-se em vascas desesperadas, espadanando, pulando, borbulhando, com rufos, estouros, brados surdos, formidáveis e ininterruptos mugidos.

Não há vivente, que caindo ali não sucumba. O penhasco em que se acha o observador parece agitar-se, tremer, prestes a fugir com a correnteza. É o verdadeiro inferno das águas de que fala Byron.

O Niágara, cujas quedas são apenas duas, longe está de ostentar as singularidades, os contrastes, e profusão de quadros de Paulo Afonso que se diria modificar-se e mudar de posição todas as horas.

E, além de Paulo Afonso, admiram-se no Brasil muitas outras cachoeiras, rivais do Niágara que, tão bastos como as suas ondas, atrai visitantes do mundo inteiro.

Tais, por exemplo, o salto do Avanhandava, o de Santa Maria, no Iguaçu, o de Itapura, o de Sete Quedas, ou Guaíra, o de Pirapora, o do Jequitinhonha, o de Itu, todos assombrosos de majestade, força e beleza.

VIII
A floresta virgem

Nas matas virgens do Brasil, — que ocupam espaço igual ao de vastos Estados, — reside um dos espetáculos mais augustos da criação.

Sobrelevam o oceano em mistério, em diversidade de panoramas, em excesso de vida, em magnificência que, ao mesmo tempo, acabrunham a inteligência humana e a arrebatam, acentuando-lhe a ideia das forças superiores regedoras do planeta.

É a natureza em expansão e liberdade máximas: mares e mares de vegetação prodigiosa, nos quais cada onda representa um mundo de cousas preciosas e lindas; silêncio imponente, ou antes, profundo rumorejo, clamor longínquo, indefinida reunião de harmonias, provocando religiosidade e vago terror; cheiros acres e balsâmicos, em abundantes vagas de aromas que o peito haure com delícia, como se fossem remédio para suas misérias e melancolias.

A princípio, o olhar não distingue formas precisas na selva ingente, porém massas espessas, esboços de torres, muralhas, trincheiras, abóbadas, pirâmides, colunas de verdura, formadas de árvores enormes, troncos aglomerados, lianas entrelaçadas, — plantas em baixo, em cima, dos lados, florestas sobre florestas, sucessão interminável de folhagens.

Depois, pouco a pouco, de surpresa em surpresa, vislumbra a portentosa variedade de contornos, dimensões, cores; — configurações brutais ou mimosas, fantásticas ou grotescas, risonhas ou ameaçadoras. Balouçam-se penachos, abrem-se leques, arredondam-se umbelas, suspendem-se candelabros, agitam-se flâmulas, dependuram-se guirlandas, enristam-se lanças, empinam-se mastros arrogantes, carregados de cordagens e galhardetes.

Eis os jequitibás dominadores, os soberanos da mata. Eis o pau-rosa, o pau-cetim, o pau- violeta. Eis os gigantes seculares, isolados, sobranceiros, estendendo a ramagem larga sobre as ramagens inferiores, capazes de abrigarem à sua sombra milhares de pessoas. Eis o jacarandá cognominado pau-santo, de tão belo e útil. Eis a carnaúba que fornece ao cultivador alimentação, bebida, luz, vestuário e casa. Eis inúmeras outras espécies de palmeiras esbeltas, hirtas, altíssimas, em cuja fronde roçam as nuvens. Eis os cipós e trepadeiras que ora caem verticais dos galhos altivos, ora os unem por meio de pontes pênseis, ora os amarram uns aos outros, de modo a confundi-los, ora se lhes enroscam em espirais, ora se distendem como fitas onduladas, ora pendem em festões, ora serpenteiam entre as árvores para, guindados a alturas incríveis, lá em cima, expandir-se e florescer.

Reparai agora nas orquídeas, de brilhantes e variegados coloridos, com desenhos simétricos que parecem traçados por artista caprichoso em veludo, seda, metais foscos ou polidos. Contemplai os caules elegantes, as copas verçudas, as ramarias extravagantemente retorcidas, as plantas delgadas, corpulentas, luzentes, de grossura e desenvolvimento sem iguais, crivadas de flores a ponto de se lhes não descobrir mais um único sitio verde, parecendo imensos ramalhetes de ofuscantes matizes. Observai as folhas, sagitiformes algumas; cor de púrpura, cor de fogo; macias e delicadíssimas estas, a pedirem carícias; ásperas, espinhosas, agressivas aquelas; largas ou grotescas terceiras. Admirai mil outras flores, suntuosas ou humildes, resplandecentes, como estrelas, ou em cachos sanguejantes, — pondo manchas azuis, amarelas, roxas, no fundo escuro das balsas.

Não é só no Brasil que pompeiam florestas virgens. Há-as magníficas na Ásia e na África. Mas a floresta brasileira se assinala por qualidades especiais. Em primeiro lugar, as suas madeiras excedem em formosura e duração às melhores do mundo. Abundam nela plantas medicinais e industriais. Inexaurível a sua seiva! Não lhe causa diferença inverno ou verão. Jamais se despem as árvores; guardam o mesmo viço, dão flores e frutos em qualquer época do ano. Vergam ainda ao peso da safra anterior e já rebentam em botões. O agricultor mal lhe pode vencer a energia invasora. Derriba-se a mata; breve nasce outra mais vigorosa na sede da antiga. Pedras que em toda parte apenas se revestem de musgo ostentam aqui vigoroso arvoredo. Não se notam espaços livres; arbustos rasteiros preenchem os claros. Terra abandonada vê-se logo assaltada pelo mato. Guarnece o chão basto tapete esmeraldino, pontilhado de pequeninas flores. A densidade é estupenda. Avultam as enrediças, os cerrados impenetráveis. A natureza aqui nunca se esgota ou descansa. Em criação incessante e infinita, tira da própria morte, dos troncos caídos, das folhas secas, novos elementos de vida. Os lugares mais pobres têm o encanto dos velhos parques olvidados.

Não é monótona a selva brasileira. Cada árvore exibe fisionomia própria, extrema-se da vizinha: circunspectas ou graciosas, leves ou maciças, frágeis ou atléticas. Conforme reflexão de ilustre viajante, as matas brasileiras, únicas tão compactas que se lhes poderia caminhar por cima, representam a democracia livre das plantas, democracia cuja existência consiste na luta incessante pela liberdade, pelo ar e pela luz. Preside a essa democracia perfeita igualdade. Não há família que monopolize uma zona com exclusão de outras famílias ou grupos. Espécies as mais diversas medram conjuntamente, fraternizam, enleiam-se. Daí variedade na unidade, múltiplas e diversas manifestações do belo.

Notabiliza-se ainda a floresta brasileira pela ausência relativa de animais ferozes. É muito menos perigosa que as da Índia. Habitam-na incalculáveis populações de mamíferos, abelhas, formigas, cigarras, colibris, lagartos, papagaios, macacos, vaga-lumes, miríades de borboletas com asas de inefável colorido. Em lindas aves é a mais opulenta da terra.

Garridos regatos deslizam por ela, derramando frescor. Cortam-na caudalosos rios, tão coalhados de plantas aquáticas que, apesar de profundos, não são navegáveis.

O sol doura simplesmente o cimo das árvores. Não penetra através as grossas cortinas verdes senão de modo crepuscular, produzindo a grave penumbra das catedrais, ou o lusco-fusco das grutas marinhas. Só em espaçadas clareiras avistam-se nesgas de azul. Em geral, a luz soturna e misteriosa empresta às cousas feições sobrenaturais. O conjunto é sublime.

Todos os sentidos ficam aí extasiados. Gozam todos os nossos instintos artísticos. Com efeito, deparam-se-nos na floresta brasileira primores de arquitetura, de escultura, de música, de pintura, e, sobretudo, de divina poesia.

IX
A Baía do Rio de Janeiro

É, ao mesmo tempo, baía, coleção de baías, arquipélago, pequeno mar mediterrâneo. Para firmar-lhe a primazia, bastava a sua afortunada situação geográfica na parte central da América do Sul, a meio caminho entre a Europa, a Índia e a Oceania, — situação tão favorável à navegação e ao comércio que fora mister, diz Robert Southey, todo o mundo civilizado se barbarizasse de novo para o Rio de Janeiro deixar de ser uma das mais importantes posições do globo.

A essa grande vantagem da baía fluminense, acrescem a sua vastidão, segurança, profundidade de ancoradouro, movimento de embarcações, inesgotável abundância de preciosas espécies de peixes, e, principalmente, a diversidade e formosura dos panoramas apresentados por suas ilhas, enseadas, promontórios, montanhas e várzeas marginais, vestidas de riquíssima vegetação.

Há quatro séculos que a visitam constantemente numerosos viajantes, naturalistas, exploradores, negociantes, e, todos, sem uma voz discordante, proclamam-na magnífica, portentosa, motivo de orgulho para o país que a possui.

Augusto Fausto de Souza, na obra *A Baía do Rio de Janeiro, sua história e descrição de suas riquezas*, coligiu centenas de excertos das homenagens prestadas por nacionais e estrangeiros a esse "ponto do universo, onde a mão do Criador parece haver-se esmerado em reunir maior número de belezas, acumulando nele tudo quanto possa encantar os olhos e arrebatar o espírito".

Entre os nomes que ali figuram, notam-se os de celebridades universais: Bougainville, Jacques Arago, Cook, Dumont d'Urville, Garibaldi, Malte- Brun, Ferdinand Denis, o príncipe Maximiliano de Neuwied e Carlos Darwin que habitou Botafogo, em 1832.

Elevam todos entusiásticos hinos à baía do Rio de Janeiro, declarando-a uma das maravilhas da natureza, superior às mais famosas, como o golfo napolitano, o Bósforo, as margens do Reno, os lagos da Suíça e da Escócia, as praias do Mediterrâneo.

Exclamam alguns que viram nela a mais encantadora paisagem da terra, a que mais enche a alma de deliciosas sensações; confessam-se outros impotentes para descrever o que experimentaram ante as tintas deslumbrantes e as feições do espetáculo presenciado; afirmam outros haver concebido, não pasmo perante tamanha magnificência, e sim, uma exaltação religiosa, um santo respeito para com a infinita grandeza do Criador, comparada ao nada da criatura humana; testemunham outros que aí se reúnem as formas felizes do universo, as possíveis combinações do pitoresco, tudo quanto a fantasia dos artistas tem sonhado de mágico e sedutor; opinam outros que marca época numa existência a primeira entrada nessa baía, que não pode ser imaginada por quem não a viu, parecendo fabulosa aos meamos que a estão admirando.

É, na realidade, um prodígio de lindeza, quer observada no seu conjunto majestoso, quer em insignificantes particularidades.

Do alto do Corcovado, um dos morros que a dominam, descortina-se panorama surpreendente, único.

Avistam-se as duas cidades fronteiras edificadas nas margens, — Rio de Janeiro e Niterói. No centro, graciosa multidão de ilhas, — estas isoladas e desertas, aquelas em grupo e povoadas, meras pedras escalavradas aqui, adiante ressumantes de verdura. Entre as ilhas, centenas de navios; no fundo, em anfiteatro, circundando a enorme bacia, as colinas cobertas de matas; além — as fortalezas, o mar alto, novas ilhas, situadas fora da barra; horizonte infinito, enfim, a confinar no firmamento, que coroa tudo, quase sempre guarnecido de sereno e puríssimo azul.

Orla, as águas mansas, fantástica mistura de altos rochedos, florestas, casas, mastros, templos...

A forma total da baía do Rio de Janeiro, — triângulo de lados irregulares, — representa, em menor escala, a configuração geral do Brasil.

Sua disposição, a diafaneidade de sua atmosfera determinam magníficos efeitos de luz, no nascimento e ocaso do sol, imprevistas e esplêndidas gradações de cores, desde o dourado ofuscante até o azul-ferrete, passando por vivíssimo carmim.

A partir da entrada da barra até os cais das duas cidades, há uma sucessão de acidentes naturais, dispostos de jeito a formarem formidável e completo sistema de defesa, organizado pelo Criador.

Resguarda a costa, em considerável extensão, para o norte e sul, compacta cortina ou muralha de serranias, fendida apenas de ligeira abertura, à guisa de um pórtico, em cada lado de cujos umbrais empinam-se elevados montes, de forma singular, o Pico de Santa Cruz e o Pão de Açúcar. Sem os dois colossais atalaias, ou porteiros, não se perceberia o interstício que dá ingresso. Distinguem-se de longe, servindo de guia.

À esquerda da entrada, extraordinária disposição de montanhas apresenta a figura exata de um desmedido vulto humano, suspenso sobre as ondas, deitado de costas. Apelidam-no o *Gigante de Pedra* ou o *Gigante que dorme*. Descobrem-lhe traços do perfil bubônico.

Na extrema da baía, alça-se a serra dos Órgãos, assim designada porque os seus picos lembram os tubos desse instrumento. São alguns recortados como rendas, ou esguios como estiletes. Um deles chama-se com justeza — o *Garrafão*; outro — a *Cabeça de Negro*. Destaca-se o que aponta o céu, à semelhança de um dedo. É

o *Dedo de Deus*.

X
Mais belezas do Brasil

Infindos campos, tapizados de macia e fresca relva, suavemente ondulados, constelados de flores selvagens, povoados de codornas e perdizes e aprazíveis em qualquer estação; as pampas do sul, pátria do tufão, no dizer de Alencar, incomensuráveis savanas nuas de face impassível, sem rugas nem sorrisos, atravessadas por armentos de poldros indômitos e pelo gaúcho, de originalidade, bravura e independência legendárias; amplas cavernas cheias de mistério; elevados picos, facilmente acessíveis, donde se descortinam perspectivas soberbas; centenas de angras recortadas com esmero artístico; jardins incomparáveis; flora opulenta; fauna inestimável, sobretudo em matéria de aves, notáveis pela delicadeza das formas, suntuosidade das plumagens, doçura do canto e primor da nidificação, — aves que não emigram de bem que se acham onde nasceram: eis outras belezas do Brasil, digna cada qual de lhe assinalar posto de primazia no mundo.

A beleza é privilégio divino, suprema força. As cousas verdadeiramente belas sempre vencem, angariam respeito e estima de todos. Quantas regiões não se salientam apenas pelos seus atrativos de formosura, naturais ou produtos da arte, e deles vivem? A Grécia, a Suíça estão nesse caso: exercem a soberania da beleza; tiram daí preciosas vantagens, a principal razão de ser.

O Brasil reúne em si as belezas esparsas em toda parte. E são belezas que não passam, apreciadas em qualquer época, superiores às dos Panteons e Coliseus; sobranceiras às injúrias dos séculos e aos caprichos do gosto, — eternas.

Devem ter ufania os filhos de uma terra assim dotada. O belo é a fonte essencial do amor. Amemos apaixonadamente o Brasil, pelas suas lindezas sem par.

XI
Terceiro motivo da superioridade do Brasil: a sua riqueza

A riqueza do Brasil é proporcional à sua extensão e à sua beleza: extraordinária.

Que é a riqueza? Houve época em que se aquilatava a riqueza de um país pela quantidade de metais preciosos nele encontrados.

À luz desse critério, torna-se incontestável a precedência de nossa Pátria. Abundam em várias regiões do seu território minas de ouro e jazidas diamantinas.

Uma das suas grandes divisões políticas chama-se significativamente Minas Gerais, e há lugares denominados, com propriedade, Ouro Branco, Ouro Preto, Ouro Fino, Diamantina.

A par do ouro e do diamante, acham-se no Brasil todas as preciosidades minerais.

Dir-se-ia o seu solo um imenso escrínio de gemas. Com materiais exclusivamente brasileiros se construiriam maravilhosos palácios e se fabricariam as mais finas e custosas joias.

Disse um sábio que Minas Gerais representa um peito de ferro com um coração de ouro. Elevam-se ali montanhas daquele metal.

De Minas Gerais extraiu-se, no correr de mais de um século, enorme quantidade de ouro que encheu o Erário da metrópole, permitindo-lhe ostentoso fausto e a edificação de notáveis monumentos, quais o convento de Mafra e o aqueduto de Lisboa.

Em certos pontos, ainda hoje, até a poeira dos caminhos é aurífera.

Deparam-se ao viajante extensas zonas escavadas à procura do ouro, nos tempos coloniais.

Não estão esgotadas. Por meio de processos primitivos, pouco se alcançou.

Venham os aparelhos modernos, labore-se cientificamente o terreno, e magníficas remunerações se hão de receber, como já vai sucedendo.

O Brasil deve tornar-se o verdadeiro El- Dorado que tanto nele buscaram os antigos aventureiros.

É brasileiro um dos maiores diamantes conhecidos, o maior do Novo Mundo, a Estrela do Sul, achado no município da Bagagem, Minas Gerais, pedra que muda de cor, de rósea a branca, conforme a sua exibição à luz.

Muito admirada na exposição de Paris, em 1855, pertence hoje a um príncipe indiano, o Rajá de Baroda.

XII
Riquezas naturais do Brasil

Demonstraram os economistas não constituírem os minerais preciosos a única nem a principal fonte da riqueza de um país. Entraram a sustentar que a lavoura e a indústria pastoril valem mais que o ouro e os diamantes, consistindo a verdadeira riqueza na abundância dos produtos indispensáveis à manutenção da vida.

Ainda, sob esse novo aspecto, é imensa a riqueza do Brasil que pode produzir tudo quanto reclamarem as necessidades físicas ao homem.

Inúmeras as suas plantas aproveitáveis na alimentação, na indústria, no comércio, na medicina.

Entre as palmeiras, denominam os índios algumas — árvores *de vida*, de tão úteis, pois fornecem material para embarcações e vários utensílios, fibras para tecidos, frutos doces e nutritivos, licor refrigerante e agradável, enquanto as largas folhas servem para cobrir, em lugar de telhas, as habitações feitas com pranchas das mesmas árvores. Possuem, de mais, uma espécie de cera, de que se fabricam velas para a iluminação.

Nas enormes matas brasileiras, quantas resinas e bálsamos de preço, quantas deliciosas árvores frutíferas! As dos seringais, indígenas, e as do café, exóticas, mas perfeitamente aclimadas, são genuínos tesouros vegetais.

Há a árvore *do pão*, a árvore *do papel*, a árvore *da seda*, a árvore *do leite*, cujos frutos, folhas, fibras ou sucos, oferecem as propriedades e as aplicações das espécies de que lhes proveio o nome.

O milho e a mandioca já eram cultivados pelos índios. O arroz é silvestre em várias regiões. Prestam-se a qualquer cultura as terras do Brasil, de fertilidade proverbial. Verdadeira maravilha a uberdade da terra roxa que o calor e a umidade bastam a fecundar. As laranjeiras produzem, sem trato. Nalguns pés, em Mato Grosso, as laranjas, já muito doces, que murcham no galho, amadurecem dulcíssimas, — verdadeira ressurreição. O solo compensa larga e generosamente, — *agradece*, na frase popular o mais leve cuidado que se lhe consagre. As sementes plantadas adquirem maior força produtiva que alhures. Ao lavrador é fácil tirar das suas terras tudo quanto precise, exceto sal, de que, aliás se encontram no Brasil grandes jazidas. Quase todas as culturas dão duas colheitas anuais.

Um país assim está em condições de se tornar o celeiro do mundo.

Há nele, em climas diversos, vastas pastagens, fartamente regadas, às quais se adaptam todas as raças de animais úteis. Já importante, a indústria pastoril destina-se a abastecer a Europa, pois é susceptível de desenvolvimento extraordinário.

Tribos selvagens vivem exclusivamente da caça e da pesca, tão profusas que permitiram outrora as longínquas expedições dos bandeirantes, desprovidos de tudo.

Confia-se à natureza a criação do gado, de que milhões de cabeças povoam os campos. Consiste o só trabalho do proprietário em reunir, uma ou outra vez, no lugar adequado, os rebanhos para marcar as crias e apartar as reses vendidas.

E as abelhas que compõem delicioso mel? E as tartarugas de carne saborosa, cujos ovos fornecem manteiga, e cuja casca serve para o fabrico de objetos de arte, utilização também peculiar a muitos insetos brasileiros?!

Encontra-se no Brasil matéria-prima para quaisquer manufaturas. Durante a guerra do Paraguai, com elementos exclusivamente nossos, construímos em poucos meses, nos arsenais do Rio, excelentes vasos de guerra. Os gigantes das nossas florestas servem, como nenhuns outros, para a construção de navios, casas e móveis de luxo. Conquistam as suas madeiras o primeiro lugar nos concursos internacionais, subindo a milhares as espécies classificadas, famosas pela beleza e resistência. Encheria volumes a sua simples enumeração, de que só ministraria ideia um tratado de botânica.

Em suma, subsolo, solo, ares, selvas, águas, está tudo no Brasil cheio de vida, e vida é riqueza. Não depende ele do resto do globo. Poderia, se quisesse, erguer, sem prejuízo material, em torno das suas fronteiras, a muralha da China.

XIII
Mais riquezas do Brasil

Segundo o critério hoje dominante, considera-se nação rica a que possui grande soma de utilidades. O Brasil possui-as todas.

Recordai a sua extensão territorial, o seu completo sistema hidrográfico, a multiplicidade de seus portos, a sua posição geográfica, tocando em todos os países da América do Sul, à exceção do Chile, (o que o torna o traço de união entre eles), a sua proximidade dos grandes centros, os seus tesouros em fosfatos e em águas minerais; considerai que as suas vias de comunicação aumentam diariamente, bem como a sua atividade comercial e industrial, pelo simples movimento da população, movimento ascendente que nunca estacionou e menos retrocedeu; observai que o operário nacional, muito inteligente, apreende com rapidez o ensino técnico; que se estabeleceu uma corrente imigratória para a nossa Pátria, corrente cujo acréscimo depende apenas da boa vontade da administração; que, enquanto na Europa a área das terras cultivadas se estreita e esgota, esbarrando a vida em dificuldades sempre agravadas, entre nós se dá o contrário e, a despeito de crises fatais, iniciam-se culturas novas, dilata-se a zona produtora; ponderai tudo isso e reconhecereis que o Brasil oferece imensas vantagens à economia geral do gênero humano, e repetireis, com Robert Southey, que só a mais extrema e obstinada prevaricação da parte do governo, ou a mais cega e culpável impaciência da do povo poderão subverter a influência e a prosperidade do Brasil.

Em nosso conceito, nem assim. Aqueles maus elementos poderão retardar; nunca impedir a predestinação do Brasil a grandes cousas.

Mas, — objetar-se-á, — apontastes apenas facilidades naturais, e facilidades naturais não são riquezas, sem que o trabalho as aproveite e valorize.

É exato. As facilidades naturais do Brasil, porém, já estão sendo exploradas e sê-lo-ão fatalmente, em grau condigno da sua importância, sob a pressão inevitável da necessidade e da concorrência. A luta pela vida cada dia se torna mais áspera no velho mundo. O Brasil é imenso repositório de recursos, inexaurível arsenal para os industriosos, refúgio sem igual aberto aos necessitados.

As nossas condições econômicas hão de ser breve forçosamente aproveitadas, em virtude da ação de forças inflexíveis. Acresce que circunstâncias especiais operam no Brasil a distribuição da riqueza conforme as leis naturais do trabalho, o que, numa sociedade laboriosa, suficientemente esclarecida, onde a liberdade de cada um seja protegida contra a fraude e a violência, é o ideal, no dizer dos economistas.

Não conhecemos proletariado, nem fortunas colossais que jamais se hão de acumular entre nós, graças aos nossos hábitos e sistema de sucessão. Nem argentarismo, pior que a tirania, nem pauperismo, pior que a escravidão.

Nem cumeadas, nem abismos, nem transições bruscas, nem, portanto, desespero embaixo, porque se pode sempre esperar atingir o grau superior, nem desdém soberbo no alto, porque este se acha mui vizinho do grau inferior, não sendo lícito aos que aí se veem considerarem- se de espécie diversa da dos seus semelhantes menos bem colocados.

No Brasil, com trabalho e honestidade, conquistam-se quaisquer posições. Encontra-se a mais larga acessibilidade a tudo, no meio de condições sociais únicas, sem distinção e divergência de classes, em perfeita comunicação e homogeneidade da população. A esperança constante de uma situação melhor anima a todos, e é esse o eficaz incentivo da indústria humana.

Temos, pois, o estado mais propício ao progresso da riqueza pública. No Brasil, o trabalho anda a procura do homem e não o homem à procura do trabalho.

Ninguém, querendo trabalhar, morrerá de fome. Parece país de milionários, tão largamente se gasta.

Por conseguinte, é incontestável a superioridade econômica do Brasil, material e moralmente aquilatada. Tudo nele tende a crescer, a subir. Nenhum perigo sério lhe ameaça o desenvolvimento, nenhuma chaga o corrói, como acontece à Europa, sob o receio permanente de uma guerra, e minada, como também os Estados Unidos, pela extrema riqueza e pela extrema indigência, fontes de invejas e desprezos.

No balanço geral do Brasil, figura esta verba compensadora de quaisquer desfalecimentos: Futuro!

XIV
Quarto motivo da superioridade do Brasil: a variedade e amenidade de seu clima

Em consequência de sua enorme extensão, há no Brasil grande variedade de temperaturas, que, entretanto, em parte e estação algumas, atingem graus extremos. Raros os casos de insolação ou congelamento. O inverno não exige entre nós as precauções e despesas dos outros países. Sem embargo, o clima do Brasil é muito caluniado pelos que o não conhecem ou têm interesse em o deprimir.

Em três zonas costumam dividir o nosso país quanto às condições climatológicas: a tropical, a subtropical e a temperada.

Na primeira, cujas regiões mais quentes são Pará e Amazonas, não reina o calor que se imagina, em razão de se acharem junto ao equador. Na mesma latitude encontram-se lugares de clima diferente. Pará e Amazonas excedem em tudo as outras regiões tropicais do mundo, quais a Índia, a Polinésia, parte da África.

A estas afligem-nas secas prolongadas que destroem a vegetação e matam o gado, chuvas torrenciais, terríveis tufões, pestes, mil enfermidades. Em Nova York e em Filadélfia faz calor mais sufocante que no Amazonas e Pará, onde a uniformidade da temperatura, o brilho da atmosfera, a perpétua verdura das florestas, os numerosos rios, as fortes brisas vindas do mar, as chuvas brandas e regulares, às vezes quotidianas, e em todos os meses, a ausência de rijos temporais, modificam o ardor solar, purificam o ar, tornam docemente balsâmicas as noites, não prejudicam a saúde.

Muitos viajantes estrangeiros classificam o clima do Pará e do Amazonas entre os melhores da terra. Nesses lugares não causa danos moléstia alguma endêmica.

Acusam-nos de produzir impaludismo. Mas o impaludismo ali não é mais grave ou mais comum do que em outros pontos bem reputados. Grassa propriamente nas cabeceiras dos rios, florestas pantanosas e terras baixas, tomando a forma intermitente, não a perniciosa ou tífica. Diminui ou desaparece onde se observe higiene. Notáveis estrangeiros têm percorrido o Amazonas, indenes de qualquer enfermidade. Agassis, um deles, atribui o impaludismo à falta absoluta de higiene, ou antes à violação sistemática de todos os preceitos de higiene pelos habitantes. Se não fora a febre palustre, — afirma outro, — o Amazonas seria o paraíso dos inválidos. O fato é que a população aumenta ali, em vez de decrescer, e é talvez a mais venturosa do Brasil. Predisse Humboldt que no Amazonas há de residir o centro da civilização humana.

Adapta-se facilmente o estrangeiro, com alguma higiene, ao clima da zona subtropical.

No Ceará, onde, aliás, existem pontos salubérrimos, refúgio de tuberculosos, nota-se o fenômeno das secas periódicas, fatais, de dez em dez anos, à criação e à cultura. Essa calamidade, porém, não é insuperável. Podem ser evitados os efeitos das crises delas oriundas, pelos esforços da administração e pelos recursos da ciência.

Em muitos pontos da zona mais quente, goza-se graças à altitude, do mais suave clima europeu.

Quanto à parte extratropical, seu clima temperado excede ao da Europa e o dos Estados Unidos.

Fala-se muito em febre amarela que assola alguns pontos do litoral e do interior. Mas cumpre considerar, nos dizer dos competentes, que: 1.° A febre amarela não é produto do nosso solo, porém foi importada de países onde grassou, com violência jamais vista entre nós, sendo afinal debelada; 2.° Só devasta porção insignificante do Brasil, nunca chegando a certas alturas; 3.° Mesmo nessa porção tem desaparecido, por largo período; 4.° Tudo induz a crer que, com melhoramentos materiais, a par de higiene pública e particular, desaparecerá totalmente, voltando o Rio de Janeiro, seu principal foco, a ser considerado, como já o foi pela marinha inglesa, estação saudável, — mera questão de tempo e perseverança; 5.° A mortalidade da febre amarela é relativamente pequena comparada à de outras moléstias endêmicas em famosas cidades e capitais opulentas.

S. Paulo, Rio Grande do Sul, Paraná, Santa Catarina, Minas Gerais, circunscrições territoriais equivalentes a vastos países, desfrutam no geral delicioso clima. Vivem ali os europeus melhor que em suas pátrias. A natalidade atinge em certos pontos admiráveis proporções, excedendo de muito os óbitos. Abundam casos de longevidade. É vulgar o costume patriarcal de reunirem as avós à sua mesa centenas de descendentes.

Cicatrizam mais depressa que nos hospitais do velho mundo feridas e amputações, realizando-se curas maravilhosas. O clima de Minas Gerais ressuscitou e dilatou a vida ao sábio Pieter Wilhelm Lund que vindo tísico de sua pátria, a Dinamarca, morreu na mais avançada idade em Lagoa Santa, celebrizando-se pelo descobrimento que efetuou do homem fóssil nas grutas calcárias daquele sítio. Mais de um milhão de estrangeiros de várias raças e procedências, — russos, alemães, italianos, polacos, sírios, — domiciliaram-se e prosperam nas plagas meridionais do Brasil.

Em suma: é excelente a média do clima do Brasil. Nenhuma moléstia lhe é peculiar ou exclusiva. Nenhum problema sanitário se lhe apresenta insolúvel, nem de difícil solução. A temperatura não incomoda ou acabrunha o homem, exigindo-lhe sacrifícios.

XV
Quinto motivo da superioridade do Brasil: ausência de calamidades

Imenso como um continente, não conhece o Brasil nenhum dos grandes flagelos que, em outras regiões, soem produzir milhares de vítimas.

Privilegiado da Providência, não registra a sua história uma só dessas terríveis catástrofes, comuns a quase todos os povos, quer na ordem material, quer na moral.

Não há ciclones, como nos Estados Unidos, inundações, como na Espanha, fomes e pestes prolongadas, como em tantos pontos da Europa e da Ásia.

De terremotos não se aponta notícia, nem vestígio. Vulcões, nem apagados, nem traços de extintos. Nevoeiros persistentes não envolvem as nossas costas, onde raros naufrágios ocorrem. Na considerável extensão dessas costas, não são de recear nem rochedos ocultos, nem correntes traiçoeiras, nem sorvedouros, nem furacões.

Os perigos, estão reduzidos aos inevitáveis e inerentes à situação humana. Quase todos os numerosos portos oferecem fácil abrigo.

Já assinalamos que nas florestas são relativamente em número insignificante os animais ferozes. Os que existem raro agridem o caminhante. Limitam-se a defender-se, tirando escassas vidas, fazendo estragos de pouca monta.

Em suma: oferecendo ao homem condições de vida sem igual, a natureza brasileira em nada lhe é hostil ou áspera. Pode o habitante confiar nela, com segurança. Não o trai, não o surpreende, não o amedronta, não o maltrata, não o aflige. Dá-lhe tudo quanto pode dar, mostrando-se lhe sempre magnânima, meiga, amiga, maternal.

XVI

Sexto motivo da superioridade do Brasil: excelência dos elementos que entraram na formação do tipo nacional

É hoje verdade geralmente aceita que, para a formação do povo brasileiro, concorreram três elementos: o selvagem americano, o negro africano e o português.

Do cruzamento das três raças resultou o mestiço que constitui mais de metade da nossa população.

Qualquer daqueles elementos, bem como o resultante deles, possui qualidades de que nós devemos ensoberbecer. Nenhum deles fez mal a humanidade ou a deprecia. E se não, vejamos.

Na carta em que Pero Vaz de Caminha comunica a El-Rei D. Manoel o descobrimento de Cabral, narra ele o primeiro encontro entre a gente civilizada e os aborígenes.

Conforme já acentuou uma voz eloquente em ocasião solene (a abertura do Congresso Jurídico Americano, de 1900) as impressões oriundas desse primeiro encontro foram todas favoráveis aos índios. Mostraram-se bondosos, serviçais, confiantes, sociáveis, no seu amistoso acolhimento. A um aceno, depõem as armas. Não trepidam alguns em dormir nas naus recém- vindas e desconhecidas. Recebem outros em suas míseras choças os portugueses que se embrenharam pela nova terra. Restituem à mais leve reclamação, objetos subtraídos. Entabulam relações pacíficas, sem violência nem fraude. Ajudam os hóspedes a conduzir para o sítio mais próprio a cruz talhada na floresta virgem. Assistem respeitosos à missa e ao sermão de Frei Henrique, imitando os gestos devotos dos cristãos. Tratam com humanidade os degredados deixados nas suas plagas e esses degredados vivem serenamente, entre eles, formam família, desposando índias. Revelam, numa palavra, nobres e raros predicados.

E sempre sucedeu mais ou menos assim. Revoltaram-se quando se lhes procurou tirar a independência, submetendo-os à servidão.

Pondo de parte certas tribos nativamente ferozes, o geral dos nossos aborígenes manifestou de ordinário boas disposições, acessíveis à catequese dos missionários, jamais refratários à melhoria. Houve os que trucidaram o bispo náufrago D. Pero Fernandes Sardinha e cerca de 100 pessoas de sua comitiva, conservando-se a tradição de que, depois desse dia, nenhuma flor ou erva nasceu mais no lugar, — outrora fértil e belo, — da medonha hecatombe. A crueldade, porém, era exceção.

Praticavam largamente a hospitalidade. Todos os cronistas e historiadores nacionais notam-lhes os hábitos hospitaleiros, devidos talvez a superstições religiosas. Entre as atribuições do cacique figurava a de acolher e guiar os hóspedes da taba.

No meio dos selvagens ou descendentes de selvagens brasileiros, sobressaem não poucos homens notáveis.

Tibiriçá, sogro de João Ramalho, muito auxiliou os jesuítas.

Araribóia ajudou os portugueses a repelirem os franceses do Rio de Janeiro.

De Araribóia narra um historiador que indo visitar o governador Salema, deu-lhe esta cadeira e ele se assentou cavalgando uma perna sobre a outra conforme costumava. Advertiu-lhe o governador por meio do intérprete não ser aquela boa cortesia quando falava com representante d'El-Rei. Não sem cólera e arrogância respondeu o índio: "Se tu souberas quão cansadas eu tenho as pernas das guerras em que servi a El-Rei, não estranharas dar-lhes agora este pequeno descanso, mas já que me achas pouco cortesão, eu me vou para a minha aldeia, onde nós não curamos destes pontos, e não tornarei mais à tua corte."

Cunhambebe foi amigo de Anchieta. O pai de Cunhambebe, chefe tamoio, celebrizou-se como almirante de uma esquadrilha de canoas muita vez vitoriosa em combates com os navios portugueses.

Jaraguari, conforme narra Southey, foi acusado pelos portugueses, de quem era aliado, durante a guerra contra os holandeses, de haver desertado para estes. Protestou, alegando ter ido buscar entre os inimigos a mulher e os filhos. Incrédulos, metem-no os portugueses 8 anos num cárcere, donde o tiram os holandeses vitoriosos. Vendo-se solto, dirige-se à sua tribo e lhe diz: "sangram ainda os sinais das minhas cadeias; mas é a culpa, não o castigo que infama. Quanto pior me trataram os portugueses tanto maior será o vosso e o meu merecimento, conservando-nos fiéis ao serviço deles, especialmente agora que o inimigo os aperta." E, de fato, levou aos seus condenadores forte contingente.

Jaraguari era tio de Antônio Filipe Camarão, Poti, um dos heróis da epopeia Pernambucana. Tais os serviços de Camarão, que Filipe IV de Espanha concedeu-lhe o título de dom, a comenda de Cristo e o posto de governador e capitão-general de todos os índios. Pintam-no os contemporâneos afável com os seus subordinados, cortês com estranhos, cheio de dignidade com os superiores, sempre preocupado de manter ileso o decoro.

Quando Antônio Vieira foi preso no Pará por um motim triunfante contra os jesuítas, só uma índia que lhe era agradecida ousou levar-lhe alimento ao calabouço, através as sentinelas furiosas. Ameaçaram a coitada de ir queimar-lhe a choça. "Queimem, respondeu; com o fogo cozinharei a comida para o padre."

Assim, sem exageros de fantasia, encontram- se na história dos nossos índios traços sublimes. E quantas figuras lendárias, como a de Paraguaçu, afilhada de Catarina de Medicis, levada à França por seu esposo Diogo Alvares, o Caramuru, e a de Moema, apaixonada do mesmo, seguindo a nado o barco em que ele ia, até exausta, desaparecer nas ondas?!...

O próprio governo da metrópole reconheceu oficialmente a superioridade dos indígenas brasileiros (alvará de 4 de abril de 1755) determinando que os vassalos do reino na América que se casassem com índias, não ficariam por isso com infâmia alguma, antes se fariam dignos da atenção régia, e quando alguns filhos ou descendentes desse matrimônio trouxessem requerimentos perante El-Rei, lhe fizessem saber esta qualidade para, em razão dela, atendê-los mais particularmente.

João Francisco Lisboa faz curioso paralelo entre os costumes dos selvagens brasileiros e os dos antigos germanos, imortalizados por Tácito.

XVII
Costumes curiosos dos índios do Brasil

Notam-se particularidades muito interessantes nos costumes das várias tribos de índios ainda existentes no Brasil.

Os *coroados*, nas bandas do Paraguai, vivem em pequenas comunidades, passam em pirogas a metade da existência. Aproximam-se do tipo caucásico; encontram-se entre eles belos exemplares varonis e formosas mulheres.

São nômades os *muras*, sem noção alguma de cultura do solo. Hábeis pescadores, mergulhadores insignes, apanham tartarugas a nado, prendendo-as pelas patas. Fazem inalações de certas plantas, agarrando-se dois a dois e insuflando-se mutuamente os vapores aromáticos no nariz. Caem às vezes desmaiados, outras mortos, depois de gritos e gestos frenéticos e um fluxo desordenado de palavras loucas. Outras vezes reúnem-se aos pares e se açoitam até ao sangue, como os fakirs da Índia.

Os canoeiros do Amazonas falam de uma raça misteriosa de albinos que só aparecem à noite. Alguns não conhecem os metais, e para eles o cão não é um animal doméstico. Trazem os corpos cobertos de pitorescas tatuagens. Entretêm outros grande familiaridade com os animais, tornando as aldeias verdadeiros jardins de aclimatação. As onças são aí inofensivas. Serpentes gigantescas guardam as cabanas.

Costumam outros fazer devorar os cadáveres por piranhas carnívoras e vorazes. Enterram outros os mortos de pé, a cabeça saliente, de modo a lhes meterem alimentos na boca.

Distinguem-se os *caiapós* pelo seu espírito industrioso, pugnaz, cioso de liberdade e independência. Andam totalmente nus os *apinangés*, de elevada estatura, pálpebras oblíquas, figura mongólica. Os *caraiás* observam rigorosamente a fidelidade conjugal, queimam as adúlteras, não bebem alcoólicos, não mentem. Para obter ordem nas famílias, fundaram uma instituição especial, única no mundo: nomeiam um marido das viúvas, sustentado pela comunhão, dispensado de todos os trabalhos, guerras e expedições dos outros homens da tribo.

Várias hordas servem-se de uma linguagem simbólica. A justaposição de certos objetos significa uma narrativa ou uma mensagem. Não raro, empregam esse meio para ameaçar os brancos. Armas plantadas no solo importam declarações de guerra. O número de entalhas praticadas nessas armas designa os dias em que devem romper as hostilidades.

Entre os *bororós*, somente pode casar-se quem houver matado um jaguar. Celebrizam-se os *guatós*, hábeis canoeiros, pelos seus ciúmes. Só é licito às mulheres falarem aos estrangeiros, com os olhos voltados para o marido. Mostram-se, entretanto, estritos cumpridores das leis da hospitalidade e da fé jurada: nunca traem. Domesticam de tal forma as feras que parecem fasciná-las.

Os *guaicurus*, exímios cavaleiros, roubam mulheres e crianças, combatem à moda dos beduínos. Reputam-se o primeiro povo do mundo, admitindo apenas relações com estrangeiros para receber deles tributo de vassalagem. Conhecem distinções de classes: nobres, plebeus e escravos. Os nobres desposam somente mulheres de sua esfera. Dispõem as tendas conforme a primazia. À morte de um nobre, efetuam-se grandes solenidades. Colocam-lhe no túmulo o arco, as flechas, a maça, a lança, os ornatos de guerra, e, depois, matam ao lado dele, o cavalo que ele amava.

Os *mundurucus*, altos, fortes, musculosos, tez clara, usam tatuagens que variam segundo os grupos e tribos. Ligam tal importância a essa pintura do corpo que se reúne o conselho de família para assentar no plano, cuja execução dura às vezes dez anos. Os velhos tatuados inspiram profundo respeito aos jovens. Altivos, afidalgados, cumprem rigorosamente a palavra dada. Produzem trabalhos artísticos de penas. Mesmo em tempo de paz, têm organização militar e recrutamento. Durante as guerras, atacam de dia, ao som do tambor, que lhes regula os movimentos. Usam de uma condecoração o *pariuate-ran*, de *pariuate* — inimigo e *ran* — cinto. Consiste numa cinta de algodão tecido e armada com dentes arrancados a uma cabeça de inimigo. O chefe da tribo concede o uso dessa cinta não só aos valentes, feridos no campo de batalha, como a viúvas e filhos de heróis. A cerimônia da concessão efetua-se com grande aparato, perante a tribo reunida. Seu efeito não é meramente decorativo. Quem merece o *pariuate-ran* recebe uma espécie de pensão vitalícia. Os agraciados deixam de trabalhar. Sustenta-os a tribo, a título de recompensa pública pelo serviço prestado.

XVIII
Os negros

Os negros africanos, importados no Brasil desde os primeiros tempos do descobrimento, sempre se mostraram dignos de consideração, pelos seus sentimentos afetivos, resignação estoica, coragem, laboriosidade. Devemos-lhes imensa gratidão.

Foram os mais úteis e desinteressados colonizadores da nossa terra que fecundaram com o seu trabalho. Animavam-nos instintos de independência, como prova a formação dos quilombos de Palmares. Sacrificaram-se, entretanto, aos seus senhores, nem sempre benévolos, mas, em todo caso, menos bárbaros que os de outros países, especialmente os dos Estados Unidos. As negras eram geralmente as amas de leite dos filhos dos brancos, e, obrigadas a abandonar a própria prole pela alheia, tratavam esta com devotamento e carinho extraordinários. Nas nossas guerras, os negros bateram-se como heróis.

Contribuíram tantos serviços para que no Brasil jamais houvesse preconceito de cor. Já nos tempos coloniais, determinava o rei (provisão de 9 de maio de 1731) que o acidente da cor não constituía obstáculo para que um homem exercesse o cargo de procurador da coroa. Por alvará de 12 de janeiro de 1733, aprovava ter um governador alistado, nos corpos de infantaria de ordenanças, pardos com brancos, sem distinção, confiando que os primeiros o servissem com o mesmo zelo e fidelidade dos segundos. Nos Estados Unidos, mesmo agora, a desigualdade social entre pretos e brancos subsiste até depois da morte; em certos lugares há cemitérios diferentes para uns e outros! Durante o reinado de D. Pedro II vários descendentes de africanos mereceram condecorações e títulos nobiliárquicos.

Que bela galeria de negros e filhos de negros ilustres a que apresenta o Brasil! Eis José Maurício Nunes Garcia, gênio musical, amigo de

D. João VI; Marcílio Dias, intrépido marinheiro que deu seu nome a um dos vasos da nossa armada; André Rebouças que, depois de derribada a monarquia, redentora da sua raça, acompanhou a família imperial banida, deixando cômodos, posição, parentes, para ir morrer miseravelmente no voluntário exílio; Luiz Gama, ex-escravo, que se torna exímio advogado, um dos próceres do abolicionismo; Justiniano da Rocha e Ferreira de Menezes, inspirados jornalistas; e o legendário Henrique Dias que, dez vezes ferido, perdendo uma das mãos na guerra contra os holandeses, exclama que cada um dos cinco dedos restantes batalharia como nova mão por seu Deus e pela sua Pátria!

Henrique Dias recebeu do governo português o título de governador e de mestre de campo.

Para honrar a sua memória, ordenou a coroa que em várias capitanias se organizassem corpos de soldados e oficiais, todos pretos, com o nome de *regimento dos Henriques*. Durou essa instituição até depois da independência.

Em Pernambuco, os regimentos eram dois: o dos velhos e o dos novos Henriques. Nem oficiais, nem soldados percebiam soldo. Bastava-lhes a honra de ali servirem.

XIX
Os portugueses

A história não regista notícia de um povo que, com menos recursos, mais fizesse do que o português. Larga é a sua contribuição para o progresso humano, que nunca empeceu. Subjugou o mar tenebroso, dilatou o perímetro aproveitável do planeta; e, sendo um dos mais diminutos e menos povoados reinos da Europa, formou esse colosso — o Brasil. Dá mostras de injustiça e ingratidão o brasileiro que ataca ou deprime Portugal.

Que é que constitui a grandeza de um povo? Seus serviços à humanidade? Portugal os prestou, como nenhuma outra nação, com as suas viagens e descobrimentos.

A sua literatura, a sua arte?

Portugal criou o estilo gótico manoelino; possui Camões, uma das sumidades do pensamento universal.

A sua heroicidade, a sua resignação, o seu esforço? Uma vez única o solo português sofreu a conquista de hostes estrangeiras, pois o domínio de Espanha durante 60 anos legitimou-o o direito de sucessão. Napoleão, o dominador da Europa inteira, mandou para lá suas mais aguerridas tropas e mais famosos generais. E em Portugal começou o declínio das vitórias napoleônicas. A família real de Bragança não se humilhou — única no velho mundo com a da Inglaterra — ao grande guerreiro, mas, ao contrário, estorvou-lhe os planos, como ele próprio o reconheceu em Santa Helena. O general Junot foi batido e aprisionado em Portugal; Soult e Massena, em toda parte triunfantes, viram-se obrigados a retirar-se diante da indomável bravura e tenacidade lusitanas. Se exércitos franceses invadiram o território português, também uma divisão portuguesa invadiu a França e ocupou cidades francesas sob o comando de Wellington.

Onde quer que os portugueses fixem domicílio, na Ásia, na África, na Oceania, dão belos exemplos de união, patriotismo, amor ao trabalho, filantropia; elevam monumentos à caridade e à instrução. Em parte nenhuma é infecunda a sua passagem.

Desfralda-se altiva, há tantos séculos, a sua bandeira branca e azul! Jamais teve nódoas, a não serem de sangue briosamente vertido. Nunca se abateram os cinco escudos das suas armas. Honra aos desbravadores do nosso país!

XX
Não foi de degredados que se povoou o Brasil

Depois do que a respeito do assunto escreveram, entre outros, Porto Seguro e João Francisco Lisboa, só por ignorância ou má-fé se afirmará que de malfeitores e da pior gente portuguesa se compuseram os primeiros núcleos da nossa população.

É inexato que Portugal houvesse em começo abandonado ou desprezado o Brasil. Não se assinala diferença sensível entre o povoamento deste e o das outras colônias portuguesas. Vieram para cá os melhores elementos da escassa população de que a metrópole dispunha. Os da Índia não se mostraram muito superiores, antes inferiores quanto ao resultado.

Sem falar em marinheiros náufragos que desde logo se estabeleceram na nova terra, vemos que foram ilustres todos os primitivos exploradores. O bacharel de Cananéia, Diogo Álvares, João Ramalho formaram família no meio dos selvagens, pouco depois do descobrimento. Martim Afonso de Souza trouxe consigo 400 colonos. As capitanias em que D. João III dividiu o país couberam a varões eminentes da sua corte: fidalgos, ricos proprietários, militares, escritores, altos empregados, — recomendáveis todos por importantes serviços. Acompanharam o primeiro governador-geral, Tomé de Souza, cerca 1500 pessoas, das quais 600 homens de armas.

É verdade que Portugal costumava mandar degredados para o Brasil. Mas não tardaram a aparecer protestos enérgicos, qual em 1546 o do donatário de Pernambuco. As famílias das capitanias jamais se misturaram com esses condenados, apesar de que o degredo não implicava perversidade por parte de quem o sofria. Era severíssimo o Código Penal em vigor, e aplicava profusamente a pena de degredo para o Brasil a fatos leves, simples pecados veniais, opiniões, pensamentos. Não desonrava a ninguém tal castigo. E quantos não vieram de todo inocentes!

Admitindo que fossem culpados, força é reconhecer que a transplantação os regenerou. Onde os grandes crimes dos tempos coloniais? Onde a corrupção mais profunda que a de agora e a de outros países? Onde as crueldades comparáveis às praticadas no México, no Peru e nos próprios Estados Unidos que, no dizer de Washington, jamais ensaiaram para com os aborígenes a política da moderação e da doçura?...

Concorreram para o nosso povoamento as expedições militares, as remessas de tropas constantemente feitas para guarnições, a multidão de colonos que afluíam das ilhas e do continente, os magistrados, os funcionários de várias categorias. Com D. João VI, emigram para o Brasil milhares de fidalgos. Quantas famílias brasileiras não alegariam nobilíssima estirpe! Portugal não podia fazer mais do que fez, dados os seus recursos e as ideias da época. A capitania de S. Paulo era tão altiva que requereu a El-Rei só lhe mandasse como governadores generais ou homens de elevada nobreza.

Mas, aceitemos a origem humilde da nossa gente. Que resulta daí de desairoso? Ao contrário, glória nos advém de havermos chegado ao que chegamos, partindo de tão baixo. A Austrália, hoje prospérrima, começou como presídio de criminosos. O berço de Roma foi um covil de bandidos, capitaneados por um enjeitado que uma loba amamentara.

Não encontraram esposas os ascendentes dos orgulhosos romanos. Tiveram de empregar a fraude e a força para obtê-las raptando as sabinas.

XXI
O mestiço brasileiro

Do cruzamento das três raças, — portuguesa, africana e índia, — originou-se o tipo do mestiço brasileiro, chamado mameluco quando provém da união entre o branco e o selvagem, cafuz ou caboré, quando se engendra da do selvagem com o negro. A denominação popular — *caboclo* — designa os primeiros, — *cabra* — os segundos.

Por sua energia, coragem, espírito de iniciativa, força de resistência a trabalhos e privações, ganharam os mamelucos justa celebridade no período colonial.

Apresentam os cafuzes as qualidades dos mamelucos, a par de seus defeitos, entre os quais avulta o da imprevidência, total despreocupação do futuro.

Os mestiços brasileiros contribuíram e contribuem eficazmente para a formação da riqueza pública. Só eles exercem certas tarefas. Não se prestam a trabalhos, sedentários, mas são exímios na exploração da indústria pastoril, importante num país como o Brasil, onde abundam os campos.

São mestiços os vaqueiros, notáveis pela sobriedade, e desinteresse, gozando sempre de inalterável saúde; são mestiços os canoeiros e jangadeiros do norte que, sobre toros ligeiros e mal unidos, afrontam o oceano ou as corredeiras de caudalosos rios, em longas e arrojadas excursões; são mestiços os cearenses adaptáveis aos mais rudes climas e aos mais duros labores; são mestiços os caipiras, independentes e fortes; são mestiços os gaúchos, afeitos à existência errante, vivendo em cima do cavalo, infatigáveis, de força e destreza raras, prontos à aventura, audaciosos e astutos.

A tenacidade, a dedicação, a bravura de que são capazes os mestiços prova-o o fato de Canudos, onde, poucos e mal armados, fizeram frente a poderoso exército.

Muito inteligentes, têm as suas legendas, as suas cantigas ao som da viola, a sua linguagem especial. Deriva dessa linguagem um dos principais elementos para a estrutura do idioma brasileiro que há de um dia diferenciar-se do português como este se diferenciou do latim, e que já possui prosódia, vocabulário e construções sintáxicas peculiares, perfeitamente distintas.

O mestiço brasileiro não denota inferioridade alguma, física ou intelectual. É susceptível de quaisquer progressos. Têm produzido grandes homens em todos os ramos da atividade social. S. Paulo, lugar em que mais considerável se operou o cruzamento com os índios, marcha na vanguarda da nossa civilização.

XXII
Sétimo motivo da superioridade do Brasil: nobres predicados do caráter nacional

O brasileiro fisicamente não é um degenerado. Notam-se muitos de estatura elevada, vigor e agilidade pouco vulgares. Quanto ao seu caráter, ainda os piores detratores não lhe podem negar:

— 1.º Sentimento de independência, levado até à indisciplina.

— 2.º Hospitalidade. No interior, raro se encontram hospedarias. Quem chega é acolhido, com afabilidade e lhaneza, na primeira casa a que bata. Os lares de certa ordem têm um quarto especial sempre pronto, chamado o *quarto dos hóspedes*. Estes demoram-se meses e anos às vezes. O dono da casa não se incomoda. É para ele sinal de importância, como o receber cartas numerosas no correio.

— 3.º Afeição à ordem, à paz, ao melhoramento.

— 4.º Paciência e resignação.

— 5.º Doçura, longanimidade, desinteresse.

— 6.º Escrúpulo no cumprimento das obrigações contraídas. Julgar-se-ia desairado quem, no interior, alegasse prescrição de dívida.

— 7.° Espírito extremo de caridade. Elisée Reclus observa que nenhures se acha como no Brasil tão notável organização de estabelecimentos de solidariedade, mantidos por esmolas, sem intervenção do Governo. Produz resultado o menor apelo, em nome dos que sofrem.

— 8.° Acessibilidade que degenera, às vezes, em imitação do estrangeiro.

— 9.° Tolerância; ausência de preconceitos de raça, religião, cor, posição, decaindo mesmo em promiscuidade. Só há exemplo de um jornalista estrangeiro expulso. Durante a guerra do Paraguai, um francês publicava no Rio de Janeiro um jornal simpático ao inimigo, caricaturando os nossos generais.

— 10.° Honradez no desempenho de funções públicas ou particulares.

A estatística dos crimes depõe muito em favor dos nossos costumes. Viaja-se pelo sertão, sem armas, com plena segurança, topando sempre gente simples, honesta, serviçal.

Os homens de Estado costumam deixar o poder mais pobres do que nele entram. Magistrados subalternos, insuficientemente remunerados, sustentam terríveis lutas obscuras, em prol da justiça, contra potentados locais. Casos de venalidade enumeram-se raríssimos, geralmente profligados. A República apoderou-se de surpresa dos arquivos do Império: nada encontrou, que o pudesse desabonar. Por ocasião dessa revolução, senadores ficaram tão pobres que o novo regime lhes ofereceu pensões. Ao Imperador, que governara 50 anos, assegurou a Constituição Republicana meios de subsistência de que ele precisava, mas que não aceitou. Quase todos os homens políticos brasileiros legam a miséria às suas famílias. Qual o que já se locupletasse à custa do benefício público?

Arguem ao caráter brasileiro fraqueza de sentimento patriótico. É uma inverdade. Não costumamos alardear patriotismo, mas temo-lo, capaz de altos feitos, como quem mais o tenha, nunca sofremos calados imposições de quem quer que seja. A luta contra os holandeses, a da independência, a do Paraguai, a questão do rochedo estéril da Trindade que a Inglaterra foi obrigada a nos restituir, tantos outros fatos significativos demonstram que a ideia da Pátria congrega e inflama os nossos corações. A bandeira do Brasil sabe fazer-se respeitar. Acusam ainda o caráter brasileiro de baldo de iniciativa, decisão e firmeza. São antes desvirtudes do que vícios inveterados. A educação os corrigirá.

Já desapareceu a principal causa de algumas tendências más do nosso meio; a escravidão. "O povo brasileiro é demasiado indolente para ser mau" — escreveu alguém. Sem dúvida a nossa terra ubérrima, as facilidades da vida dispensam entre nós, grande diligência e esforço. Mas hão de vir forçosamente, à proporção que a concorrência e o conflito pela existência se acirrarem. A nossa proverbial indolência não nos impediu nem nos impede de termos progredido e de progredirmos. Somos, a despeito de tudo, tão adiantados como os países de condições análogas às nossas, ou mesmo mais do que eles; ocupamos o terceiro lugar entre os da raça latina, só contando acima de nós a França e a Itália.

Dos brasileiros disse Victor Hugo: "Sois homens de sentimentos elevados; sois uma generosa nação. Tendes a dupla vantagem de uma terra virgem e de uma raça antiga. Um grande passado histórico vos liga ao continente civilizador. Reunis a lua da Europa ao sol da América."

Afirmou um filósofo que homem perfeito é aquele em quem as qualidades levam pequena vantagem aos defeitos. No caráter brasileiro, há saldo considerável a favor das qualidades. Nenhuma falha lhe ê peculiar ou exclusiva. Tem preciosas virtudes, eminentemente sociais. Não se mostra refratário a ensinamentos, nem insusceptível de emendas. Revela disposições ótimas, fundo excelente. Cultivem-no. Tudo autoriza afirmar resultados tão prodigiosos como o das sementes plantadas no nosso solo, convenientemente lavrado.

XXIII
Oitavo motivo da superioridade do Brasil: nunca sofreu humilhações, nunca foi vencido

O Brasil, — (fato excepcional nos anais humanos!) — jamais experimentou derrota definitiva. Em quatro séculos de história, o número de suas vitórias militares supera sobremaneira o de seus desastres. Estes, sobre escassos e honrosos, nenhuma consequência aviltante produziram. E não tardou a desforra. O Brasil nunca cedeu à força uma polegada do seu território. Desde os tempos mais remotos, defendeu-se com dignidade contra agressores mais fortes.

Quais as guerras e os combates da quadra colonial?

Logo após o descobrimento, Christovam Jacques, Martim Afonso de Souza, Pero Lopes de Souza, queimam ou apresam navios franceses que traficam ilicitamente nas costas brasileiras. O último tomou um forte construído pelos mesmos franceses em Itamaracá.

Em 1526, Aleixo Garcia, com três companheiros, à frente de um exército de índios, atravessa o Paraná e o Paraguai, transpõe os Andes, apodera-se de cidades pertencentes às atuais Repúblicas do Peru e da Bolívia, vai de vitória em vitória até o então Império dos Incas.

Em 1560, Mem de Sá expele os franceses do forte que, na ilha de Serigipe, elevara em 1555, Nicolau Durand de Willegaignon, célebre na Europa por seus feitos d'armas e por seus escritos, o qual pretendera fundar no Brasil a França antártica. Em 1561 e 1562, no Espírito Santo; em 1567 no Rio de Janeiro; em 1568 nesta localidade e em Cabo Frio; em 1576 no último ponto, — é ainda derrotado o estandarte francês.

A anexação de Portugal à Espanha, atraiu os poderosos inimigos desta contra o desprotegido Brasil. Várias povoações do litoral suportam ataques e devastações.

Mesmo nesse período, em 1580 e 1581, no Rio de Janeiro, são repelidos navios franceses.

Em Sergipe (1578) e na Paraíba (1579, 1581 e 1584), são apresados e incendiados ou metidos a pique numerosos navios de igual procedência, aumentada a última vitória com a tomada de um forte. Em 1583, rechaça-se em Santos a esquadra de Eduardo Fenton, mais tarde um herói. É também rechaçado Cavendish no Espírito Santo, em 1592. Aos franceses no correr de 1595, em Ilhéus, bem como em 1596 no forte do Cabedelo, Paraíba do Norte, e em Cabo Frio (1599) sucede o mesmo. Ainda nesse ano, Olivier Van Noort tenta em vão entrar no Rio de Janeiro. Em 1604, repulsa a Bahia a esquadra de Van Carden. Em 1623, o comandante Dirck Van Ruyter cai prisioneiro de Mem de Sá, governador do Rio de Janeiro.

Em 1612, estabeleceram-se os franceses no Maranhão onde projetavam fundar a *França Equinocial*. Expulsaram-nos em 1615 tropas comandadas pelo cavalheiroso brasileiro

Jerônimo de Albuquerque. Em 1616, holandeses aliados a índios são batidos no Amazonas, onde haviam construído fortes que se tomaram em 1623 e 1625. Em 1629, 1631 e 1632 são destroçados os ingleses que tinham invadido o Guiana brasileira e aí levantado fortalezas.

Em 1624, apoderam-se os holandeses da Bahia, mas os moradores comandados, a princípio, pelo velho bispo Marcos Teixeira, sitiam os vencedores, e no ano imediato, os obrigam a se renderem. Em 1625, a cidade da Vitória, inflige duas derrotas aos mesmos holandeses. Em 1630, tomam eles Olinda e Recife, mas os brasileiros, capitaneados pelos chefes nacionais Matias de Albuquerque, Luiz Barbalho, Vidal de Negreiros, Camarão, Henrique Dias, empreendem, com tenacidade e heroísmo incomparáveis, uma guerra que durou 24 anos e terminou com o completo desbarato do invasor. Durante essa campanha, os holandeses já desanimados, reduzidos ao Recife, recomeçaram a alcançar triunfos, quando dirigidos pelo brasileiro Calabar que para eles se passara. No período mais brilhante da sua dominação, são batidos em Ilhéus e na Bahia que sofre impertérrita dois ataques e um sítio de 40 dias comandado pelo ilustre príncipe Maurício de Nassau. Em 1648, uma expedição organizada, à custa de donativos, no Rio de Janeiro, pelo fluminense Salvador Correia de Sá, apodera-se dos fortes de Loanda, retomando Angola aos holandeses.

Não falemos nas guerras dos paulistas contra os selvagens, uma das quais durou seis anos, reunindo o inimigo, os Tupiniquins, um exército de 30.000 homens; nem nas vitórias constantes contra os espanhóis do sul, alcançadas, de 1630 a 1676, pelos mesmos audazes paulistas que se abalançaram até à parte setentrional do Paraguai e a cordilheira do Peru.

Em 1697, tropas do Pará derrotaram os franceses da Guiana que tinham invadido o território brasileiro.

Nas guerras contra os espanhóis por causa da fundação, em 1680, da colônia do Sacramento, na margem esquerda do Prata, registramos, a par de reveses, assinaladas vitórias. Se, em virtude de convenções diplomáticas, a colônia passou, por fim a pertencer à Espanha, o Brasil, em compensação, como consequência daquelas guerras, firmou a conquista do Rio Grande do Sul.

Em 1710, a esquadra de Duclerc entra no Rio de Janeiro; mas, desembarcando, é destroçada a sua gente e o chefe aprisionado, graças, em grande parte, ao heroísmo dos estudantes capitaneados por Bento do Amaral Gurgel.

No ano seguinte, vem o famoso Duguay Trouin vingar aquela afronta. Traz poderosa esquadra — 17 navios, 740 peças, 6.000 homens. O Rio contava então 12.000 habitantes, 2.800 homens de guarnição e 174 bocas de fogo. Apesar da resistência (só na entrada da barra perderam os franceses 300 homens) foi a cidade subjugada e pagou avultado resgate. Três dias depois chegaram de Minas forças suficientes para a desforra, porém respeitaram o pacto firmado.

O povo depôs o governador que subscreveu a capitulação. Ele e as mais autoridades foram severamente punidos com prisão perpétua, degradação, confisco de bens, e declarados infames e traidores, com seus descendentes masculinos até o 2.° grau.

O Rio ainda não era a capital do Brasil; só alcançou essa categoria 51 anos mais tarde, em 1762. Que o fosse. Todas as capitais da Europa têm sido tomadas pelo inimigo. Paris, no reinado de Carlos VI, esteve 16 anos sob o jugo dos ingleses. Ocuparam Paris os aliados em 1814 e 1815, tal como os alemães em 1871. Em 1814 e 1871, capitulou.

De 1754 a 1756, triunfa o Conde de Bobadela na campanha do Uruguai, imortalizada pelo poema de José Basílio da Gama.

Durante as guerras da revolução de 1789, deram-se alguns combates nas costas do Brasil, tentando baldadamente desembarcar os franceses.

Em 1801, havendo guerra entre Portugal e Espanha, buscaram os espanhóis do Paraguai invadir Mato Grosso, mas foram derrotados em Nova Coimbra.

Um corpo de voluntários brasileiros apodera- se das missões espanholas da margem esquerda do Uruguai. Conquista-se a linha do Jaguarão.

Chegando ao Brasil, em 1808, declara o príncipe regente, depois D. João VI, guerra a Napoleão. Tropas brasileiras invadem a Guiana francesa, obrigam o governador de Caiena a capitular. Um oficial brasileiro o conduz preso à Europa. A Guiana só foi restituída à França em 1817, por força do estipulado no Congresso de Viena. Governou-a alguns anos o magistrado brasileiro João Severiano Maciel da Costa, mais tarde Marquês de Queluz, que, no conceito de escritores franceses, manifestou grande capacidade e probidade na sua fecunda administração.

Nas guerras europeias contra Napoleão, distinguiram-se brasileiros, quais José Bonifácio, futuro patriarca da independência, Luiz Paulino Pinto da França, Joaquim José Lisboa.

José Bonifácio serviu como major e tenente- coronel no batalhão formado de lentes e estudantes da Universidade de Coimbra. Pinto da França morreu general.

De 1811 a 1820, brasileiros e portugueses obtiveram constantes e esplêndidas vitórias contra argentinos e uruguaianos, tomando duas vezes Montevidéu.

Como resultado, a Banda Oriental incorporou-se ao Brasil em 1821, sob o nome de Estado Cisplatino.

Resumindo: nos tempos coloniais, batemos quase sempre os franceses, expulsamo-los do Rio e do Maranhão, conquistamos-lhes a Guiana; vencemos os ingleses em Santos, no Espírito Santo, no Amazonas; expelimos os holandeses do mesmo, Amazonas, do Maranhão, de Pernambuco; derrotamos repetidas vezes os espanhóis; triunfamos na Argentina, no Uruguai, no Paraguai, na Bolívia, no Peru. Brasileiros contribuíram para a queda do grande guerreiro do século XIX. Até na África colheram louros as armas brasileiras.

XXIV
Guerras depois da independência

Mas, — objetar-se-á, — as glórias militares da fase colonial cabem à metrópole que subsidiou e dirigiu as guerras dessa fase, — e não ao Brasil.

Seja. Não se pode negar o concurso preponderante de Portugal em tais guerras.

Em muitas, porém, os brasileiros bateram-se e triunfaram por si sós, completamente desajudados, como na longa campanha para expulsão dos holandeses.

Independente, empenhou-se o Brasil em cinco guerras: a de 1822, a de 1825, a de 1851, e as de 1864 a 1870. Saiu-se em todas com galhardia. Nunca a sua bandeira se arriou diante de outra; jamais seus inimigos celebraram vitória final.

A primeira, a de 1822, foi a da própria independência. Obrigamos as valorosas tropas portuguesas a deixarem o território nacional, a capitularem no Maranhão, Pará e Montevidéu. Batemo-las várias vezes no mar e em terra. Perseguimos e apresamos navios lusitanos até próximo ao Tejo.

Em 1825, explodiu na província Cisplatina, incorporada, desde 1821, espontaneamente ao Brasil, uma revolução preparada em Buenos Aires. Os brasileiros tinham ali forças diminutas, pois o grosso delas partira para Pernambuco e Ceará, onde também rebentara um movimento revolucionário, prontamente sufocado. Sofremos alguns reveses, por causa da superioridade numérica do inimigo. Interveio então o governo de Buenos Aires declarando anexada ao seu território a província brasileira. Rebenta a guerra entre esse governo e o do Brasil, prolongando-se até 1828. Nem sempre fomos felizes no correr dela, mas derrotamos os argentinos mais vezes do que eles a nós. Chegamos a lhes aniquilar a esquadra (batalhas do Monte Santiago, 7 e 8 de Abril de 1827).

Essa guerra era impopular no Brasil. Muito a dificultou o espírito partidário que se levantara contra D. Pedro I e de que resultou, em 1831, a abdicação. Foram os argentinos que solicitaram paz, enviando para isso emissários especiais ao Rio de Janeiro. O Brasil quis recusá-la, mas em virtude de intervenção da Inglaterra, celebrou a convenção de 28 de Agosto de 1828, em que tanto ele como a Argentina renunciavam à Banda Oriental, erigida em Estado autônomo.

Nas outras guerras, a de 1851 e as de 1864 a 1870, entre centenas de magníficas vitórias navais e terrestres, registramos apenas dois ou três insucessos sem importância, logo reparados.

Defendemos a independência do Uruguai e do Paraguai, ameaçada pelos argentinos; fizemos levantar o cerco de Montevidéu que se prolongou, como o de Troia, por 10 anos, de 1842 a 1852; asseguramos a vitória das ideias liberais no Prata, a liberdade de navegação nos afluentes desse rio, alcançando triunfo onde a França e a Inglaterra haviam naufragado; demos termo à sanguinária tirania de Rosas que durante 23 anos oprimiu os seus concidadãos, bem como à de Aguirre e a de Solano Lopez.

Tudo isso abnegadamente, sem compensação aos sacrifícios de sangue e dinheiro, tratando os vencidos com extremada generosidade, respeitando-lhes a soberania e a integridade territorial, facultando ao mundo inteiro tirar vantagem dos nossos esforços.

Abundam façanhas legendárias, iguais às mais famosas do universo, em todas estas guerras e nas civis que, infelizmente, temos também sustentado, e cumpre esquecer.

Numa dessas últimas, começou a notabilizar- se Giuseppe Garibaldi, o futuro glorioso colaborador da unificação italiana, o qual residiu longo tempo no Brasil. Era brasileira sua primeira esposa, Anita Garibaldi, em tudo companheira digna do herói.

XXV
A batalha de Ituzaingo

Esta batalha, travada a 20 de Fevereiro de 1827, entre os argentinos, comandados pelo general Carlos d'Alvear, e os brasileiros, chefiados pelo Marquês de Barbacena, não foi uma vitória para os primeiros, como têm assoalhado escritores mal-informados ou interesseiros em ambos os países. Os escritores argentinos leva-os a falsearem a verdade o exagerado amor-próprio. Os brasileiros são os inimigos de D. Pedro I e da monarquia. Convém-lhes tirar partido de qualquer acidente, no intuito de desabonar as antigas instituições.

Não foi tampouco injusta a guerra em que se deu a batalha. Conforme já vimos, a província Cisplatina uniu-se livremente ao Brasil. Quatro anos viveu em paz na comunhão brasileira. De súbito, separa-se violentamente, por sugestões de Buenos Aires que a invade e a incorpora ao seu território. Jurara-se a Constituição que mandava manter a integridade do Império. A honra nacional exigia, por todos os motivos, que se impedisse a desunião. Tornou-se inevitável o desforço armado. Sob pena de infâmia, não podia a nossa bandeira tolerar a dupla afronta.

O exército argentino penetra o solo do Brasil e ocupa excelentes posições. Barbacena, com forças muito inferiores, famintas, cansadas de longa marcha, topa com esse exército e aceita combate. Pelejam durante 11 horas 5.000 brasileiros, naquelas condições, tendo 12 bocas de fogo, contra 10.500 inimigos repousados, num terreno adrede escolhido e armados de 26 canhões.

Os argentinos perderam mais de 1.000 homens e os nossos pouco além de 200. Já cantávamos vitória. Mas o inimigo, do lugar alto onde estava, avista o comboio dos transportes e bagagens que vinham na retaguarda do exército brasileiro, a grande distância. Dispondo de cavalaria superior, destaca forte coluna para atacar o comboio indefeso. Sem dar um tiro, o apreendeu, figurando entre os despojos duas velhas bandeiras inservíveis. Sabendo que perdera as bagagens, quase exaustas as munições, havendo os argentinos incendiado a macega seca do campo para envolver os brasileiros num círculo de fogo, resolve Barbacena retirar-se. Retira-se na melhor ordem, levando todos os seus feridos e toda a sua artilharia, à exceção de uma peça cujo reparo se quebrara e que deixa encravada. Se não se retirasse, permaneceria sem água, sem roupa, sem cartuchos, com o inimigo em frente e uma trincheira de chamas atrás. O exército argentino não dispersa, não aprisiona, não aniquila o brasileiro. Manda pedir-lhe licença para recolher o cadáver de um coronel. Longe de perseguir os retirantes, retira-se também, primeiro do campo da luta, depois do território brasileiro, desistindo de continuar na invasão que encetara.

Eis a batalha. Constituiu vitória para os argentinos? Evidentemente não. Foi uma batalha indecisa. Barbacena acampou onde bem quis. Notável a sua retirada do campo incendiado! Recuou, mas o inimigo não sustentou as suas posições, também recuou. Os seus pretensos troféus, — as duas bandeiras imprestáveis, — não os tomou em combate. Barbacena preencheu o fim que se propunha: repelir a invasão. O invasor, em consequência de Ituzaingo, perde as suas vantagens, abandona o território invadido. Logo, considerando os resultados, Ituzaingo equivaleu para nós a uma vitória. Os argentinos fugiram; os brasileiros, não: mudaram apenas de lugar no solo da Pátria.

Tanto isso é verdade que Alvear teve de defender-se perante seus compatriotas de não haver triunfado; foi demitido do comando, censurado pelo seu Governo, submetido a conselho de guerra.

Releva ponderar que o Parlamento, em luta com D. Pedro I, negara meios de ação a Barbacena, — além de general, homem político com muitos adversários. As paixões da época tornaram Ituzaingo um instrumento de partido, convertendo a retirada num desastre que exageraram, deturpando a realidade. Essa versão faccionária e inverídica prevaleceu, em virtude da odiosidade crescente contra D. Pedro I. Quem examinar imparcialmente os fatos reconhecerá que Barbacena cumpriu o seu dever e não foi derrotado.

A tradição contrária não passa de um erro repetido. De Ituzaingo não provém desdouro, mas honra para o Brasil.

A paz celebrada no ano seguinte não se derivou dessa batalha. Como já assinalamos, foram os argentinos que a pediram, mandando ao Rio emissários que a princípio D. Pedro I recusou receber. A última e estrondosa vitória na guerra, a do Monte Santiago, coubera aos brasileiros. Mas a Inglaterra interveio. Sob a pressão de dificuldades internas e das oriundas da sucessão ao trono português, arcando com violenta oposição que exigia a terminação das hostilidades, D. Pedro aceitou uma solução conciliatória e altamente política de que já se cogitara antes de Ituzaingo. A antiga Cisplatina não ficou pertencendo a nenhum dos contendores. Erigiu-se em Estado autônomo, cuja independência o Brasil nobremente defendeu mais tarde contra a tirania argentina.

XXVI
A guerra do Paraguai

Há hoje um grupo que declara injusta a guerra do Paraguai, e acusa o Brasil, se não de a ter provocado, ao menos de a não ter sabido evitar.

Não se baseia na verdade histórica esta opinião.

O Brasil sempre se mostrou amigo do Paraguai. Ameaçada a sua independência por D. João Manoel Rosas, deveu a salvação aos esforços do Brasil, como outros povos e ele próprio o confessaram. Em 1851, obrigou-se solenemente a colaborar com o Brasil na luta contra Rosas. Faltou ao prometido, mas recolheu benefícios da campanha: a abertura dos afluentes do Rio da Prata. Entretanto, contra estipulações formais, conservou fechado o Alto Paraná, sequestrando assim Mato Grosso do litoral brasileiro. Por duas vezes, a moderação do Brasil arredou uma guerra necessária, por tentar o Paraguai impedir as comunicações fluviais com aquela província.

Governado despoticamente, sob o nome de república, habituado pelos jesuítas à obediência passiva e à completa sujeição, começou a armar- se. Os seus três chefes absolutos, Doutor Francia, Carlos Lopez e Solano Lopez (este último assumira o poder simplesmente em virtude de uma cláusula do testamento de seu pai e antecessor) — concentraram todo o empenho em militarizar o país, no intuito de aumentar-lhe o território, à custa dos argentinos. Solano Lopez pensava em fazer-se aclamar imperador, após as vitórias: encontraram-se em Assunção modelos da coroa e do trono que encomendara da Europa.

Longe de exigir explicações dos exagerados armamentos do Paraguai, prestou-se, na maior boa-fé, o Brasil a fornecer-lhe oficiais superiores que, no tempo de Carlos Lopez, lhe instruíram o exército e auxiliaram a construção de fortificações.

Em 1864, julgando-se assaz forte, Solano Lopez, sob pretexto de que a sua mediação fora recusada no conflito do Brasil com o Uruguai, apresa um navio brasileiro; aprisiona um presidente de província, que ia a bordo, bem como parte da guarnição; invade Mato Grosso. Era audaz violação de todas as regras internacionais, afrontoso atentado contra a segurança, autonomia e honra do Brasil.

Daí a guerra, encetada por Lopez, —: um monstro que mandou trucidar, sem motivo, depois de horríveis torturas, seus mais ilustres compatriotas e próximos parentes, assim como centenas de estrangeiros.

Podia o Brasil eximir-se ao desafio, deixar de repelir pelas armas tamanhos ultrajes?

A República Oriental se ofereceu espontaneamente para colaborar com o Império na campanha travada por causa dela. A Argentina, da qual Lopez também tomara violentamente navios e invadira o território, adere à aliança já formada com o Uruguai. O Brasil não solicitou essa nova aliança, como não solicitara a primeira. Determinou-as a marcha dos acontecimentos. Não precisava do concurso das duas repúblicas, mas aceitou-o, entre outros motivos, para tornar patente que, monarquia, não ia guerrear as pseudo instituições republicanas do Paraguai. Demais, o peso da luta recaiu quase que exclusivamente sobre o Brasil. O pequeno Uruguai, sempre receoso de revoltas internas, diminuto número de praças empregou nas operações longínquas. A Argentina possuía naquela época menos talvez de dois milhões de habitantes. Data sua prosperidade do muito dinheiro que nela se gastou durante a campanha. Vários governadores não coadjuvaram o governo central; províncias inteiras não lhe deram um só soldado. Para reprimir essas resistências e rebeliões, grande parte do exército argentino retirou-se, depois de Curupaity. Foram tropas brasileiras que primeiro pisaram o solo inimigo. Venceram sozinhas em lances decisivos, quais Riachuelo, passagem de Humaitá e Aquidaban.

Lopez iniciou as hostilidades em condições muito superiores às de seus adversários.

Dispunha de 80.000 homens disciplinados e

39 navios de guerra. O Brasil tinha apenas

15.000 homens e deficiente esquadra. Mas o sentimento nacional vibrou.

Chegamos a ter em armas 70.000 homens e poderosa marinha. Em alguns meses, sem recorrer à indústria estrangeira, construíram os arsenais do Rio de Janeiro seis couraçados. Perdemos 30.000 vidas, gastamos Rs.600.000:000$, combatemos 5 anos, mas mantivemos ilesa a dignidade da Pátria.

A campanha foi longa e dificílima, porque o Paraguai era um país ignoto, inacessível, pantanoso, e no qual não existia um mapa ou informação segura. Os nossos generais não conheciam o terreno em que pisavam, obrigados a reconhecimentos constantes, marchando distâncias imensas às apalpadelas, a milhares de léguas do seu governo, construindo caminhos no meio de florestas inundadas, e estradas de ferro por entre pauis, arcando com embaraços extraordinários para os fornecimentos das tropas.

Debateram-se contra a coragem frenética do inimigo fanatizado, contra terríveis epidemias, como a do cólera-morbo, e os mil tremendos obstáculos da natureza hostil.

E triunfaram sempre, com heroísmo e tenacidade incomparáveis, até alcançar a derrota completa do agressor! Batalhas houve em que metade do efetivo das forças desapareceu. Proporções guardadas, raras guerras se apontam tão sanguinolentas.

A campanha da Inglaterra contra o Transvaal põe em relevo a glória do Brasil na do Paraguai. O Brasil não possuía os recursos da Grã-Bretanha. O Transvaal, aberto à civilização, não se compara, senão na bravura, ao Paraguai, cuja população naquela quadra (1.500.000 almas) excedia à atual da valente república sul africana. As forças navais e terrestres paraguaias sobrepujavam em número às dos boers e manobravam em terreno mais propicio à defesa do que as destes.

O Brasil, diz o norte-americano Agassiz, atacou no Paraguai uma organização tirânica, meio militar, meio clerical que desonrava o nome de república; foi ali, com absoluto desinteresse, o porta-voz da civilização.

De fato, vencedor, após ingentes sacrifícios, satisfeito com a desafronta de seus brios, contentou-se o Brasil com os limites que já tinha desde o século XVIII; restituiu as propriedades e valores apreendidos; concorreu decisivamente para a abolição do cativeiro no país que ocupava; jamais cobrou contribuição de guerra, nem sequer indenizações devidas a brasileiros espoliados; manteve forças em Assunção, efetuada a paz, para sustentarem a autoridade do governo proclamado; constituiu-se garante da independência e soberania do Paraguai. Fez mais:

— monarquia, mandou um dos seus melhores estadistas, Paranhos, depois Visconde do Rio Branco, organizar o país sob a forma republicana, organização que o Paraguai até então nunca tivera.

Onde, nos fastos humanos, maior galhardia na luta e maior magnanimidade na vitória?!

XXVII

Nono motivo da superioridade do Brasil: seu procedimento cavalheiroso e digno para com os outros povos

O Brasil jamais provocou, jamais agrediu, jamais lesou, jamais humilhou outras nações. Revelou sempre para com todas a mais perfeita dignidade, a par de rara e elevada abnegação. Acusam-no de haver intervindo ilicitamente na política do Rio da Prata. Não há tal. Fez ali ingentes sacrifícios de homens e dinheiro. Qual o lucro ou a compensação que disso procurou tirar?

Defendeu a independência do Uruguai e do Paraguai. Salvou os mesmos Uruguai e Paraguai, bem como a Argentina, de três tiranias. Nunca impôs vontade arbitrária aos vencidos e fracos. Como ficou dito, nem sequer exigiu o pagamento do que se lhe devia.

Se interveio mais de uma vez nos negócios da República Oriental, foi por solicitação formal desta, ou para salvaguardar sagrados direitos e interesses de brasileiros oprimidos. Um presidente dessa República, Giró, e homens eminentes do partido *blanco*, inimigo do Brasil, refugiaram-se de uma feita na legação e nos navios brasileiros.

Em 1854, o governo oriental e ainda os *blancos* impetraram a presença de forças imperiais no país, como único meio de se firmarem a estabilidade das instituições republicanas, as garantias sociais e políticas, evitando-se a anarquia.

Quatro mil soldados brasileiros permanecem dois anos em Montevidéu, sem que as autoridades da República lhes pagassem as despesas, conforme haviam pactuado. Durante os dois anos, a divisão brasileira só deu exemplos de disciplina e moralidade. Ao retirar-se ela, o governo oriental agradeceu calorosamente, o serviço do Brasil, proclamando-lhe o desinteresse e dizendo que cada habitante daria testemunho do nobre proceder do exército de ocupação, no que não faria mais do que pagar um tributo de inegável justiça e merecida admiração às suas relevantes virtudes.

Novamente, em 1857, o governo do Uruguai requereu a intervenção do Brasil. Recusou-se aí o Império, mas, auxiliou o exausto tesouro oriental, emprestando-lhe avultadas quantias que até hoje não foram restituídas, sem que o credor em tempo algum constrangesse o devedor remisso.

Este, aliás, em repetidas ocasiões, confessou a nossa generosidade.

A despeito de tudo isso, em 1864, cidadãos brasileiros domiciliados no Uruguai sofriam roubos, sequestros, atentados, perseguições de todo gênero, sem que a autoridade os protegesse, ou antes, acobertando o governo republicano as atrocidades. O Brasil reclamou, moderadamente a princípio, dirigindo apelos amigáveis à razão e aos sentimentos equitativos do governo de Aguirre. Em vão. Excitou-se então o sentimento nacional brasileiro que não sofre impassível o menoscabo de seus brios. O Brasil, prescindindo de questões pecuniárias, empregou mais energia nas reclamações. Protelou, quanto possível, o rompimento das hostilidades. Ainda em vão.

Usou de represálias. Respondeu o governo oriental queimando em praça pública os autógrafos dos tratados existentes conosco, insultando a nossa bandeira, arrastando-a pelas ruas de Montevidéu*. Seguiu-se a guerra, como não podia deixar de seguir-se, em que triunfamos, como de costume. Terminou por um convênio honroso, arguido, na época, de condescendente em extremo para com a parte vencida, a qual tratamos com a habitual longanimidade.

O pensamento constante do Brasil, nas suas relações com as repúblicas do sul, exprimiu-o o Imperador na fala do trono de 1851, dizendo: "Por maior que seja o meu desejo de manter a paz, não deixarei de dar aos meus súditos a proteção que lhes devo, nem serei indiferente a acontecimentos que possam prejudicar a segurança e tranquilidade futura do Império, *tendo sempre por um dever respeitar a independência, as instituições e a integridade dos Estados vizinhos, e nunca me envolver de modo algum em seus negócios internos.*"

E assim tem sido.

Ao mesmo tempo que se manifestava cheio de cordura no tocante aos pequenos povos, portou- se sempre o Brasil com suprema hombridade e energia ante as imposições dos fortes.

Em 1862, porque não atendera o nosso governo a descabidas reclamações inglesas, ordenou o ministro britânico no Rio de Janeiro, Christie, que a esquadra da sua nação apresasse navios mercantes brasileiros nas águas territoriais do Império.

---

* Vide — Visconde de Ouro Preto — Marinha de outrora — 1° capítulo.

Respondeu o Brasil a essa ofensa contra a sua soberania, expedindo passaporte ao insolente diplomata e rompendo as relações com a Inglaterra. A questão foi submetida a arbitramento do rei dos Belgas, tio da rainha Victoria, o qual decidiu favoravelmente ao Brasil. As relações só se reataram em 1865, por mediação oficiosa de Portugal. O ato de Christie mereceu censuras da opinião pública inglesa. Vozes, como as de Cobden, Bright, Lord Brougham, Lord Salísbury, então Lord Cecil, ergueram-se no parlamento de Westminster, em nossa defesa. Duas vezes recorremos ao mercado de Londres e levantamos empréstimos, no correr do conflito internacional.

Partiu da Inglaterra a iniciativa da reconciliação. Revestiram-se de fina gentileza a ocasião e a forma em que o efetuou. O Imperador achava-se em Uruguaiana, que as armas brasileiras retomaram aos paraguaios invasores do Rio Grande do Sul. O embaixador inglês lá foi fazendo longa e penosa viagem. Recebeu-o D. Pedro II em sua barraca de campanha. Eis o significativo discurso ali proferido por Mr. Thornton, a 23 de setembro de 1865:

"Senhor, tenho a honra de depositar nas mãos de V.M.I. a carta pela qual S.M. a Rainha se dignou de acreditar-me como seu enviado em missão especial junto de V.M.I. e suplico a V.M.I. se digne de acolher com a sua reconhecida benevolência as seguranças de sincera amizade e as expressões que fui encarregado de transmitir por S.M. a Rainha e pelo meu governo. Estou incumbido de exprimir a V.M.I. o pesar com que

S.M. a Rainha viu as circunstâncias que acompanharam a suspensão de relações de amizade entre as cortes do

Brasil e da Grã-Bretanha, e de declarar que o governo de S.M. nega, da maneira mais solene, qualquer intenção de ofender a dignidade do Império do Brasil; e que S.M. aceita completamente e sem reserva a decisão de S.M. o rei dos Belgas; e será feliz em nomear um ministro para o Brasil logo que V.M.I. estiver pronto para renovar as relações diplomáticas. Creio ter fielmente interpretado os sentimentos de S M. e do seu governo, e estou convencido de que V.M.I. terá a bondade de aceitá-los com o mesmo espírito de conciliação que os ditou."

O Imperador respondeu nobremente:

"Vejo com satisfação renovadas as relações diplomáticas entre o governo do Brasil e o da Grã-Bretanha. A circunstância de tão feliz acontecimento se realizar onde o Brasil e seus leais e valentes Aliados acabam de mostrar que sabem unir a moderação à defesa do direito, aumenta o meu prazer, e prova que a política do Brasil continua a ser inspirada pelo espírito de harmonia justa e digna com todas as outras nações."

Outro fato característico:

Em 1866, a Espanha, declarando guerra ao Chile, manda bombardear pela esquadra do almirante Nunes o porto indefeso de Valparaíso.

Difícil era a situação interna e a externa do Brasil, no período mais árduo da campanha com o Paraguai, ameaçado de complicações internacionais. Sem embargo, não trepidou o governo brasileiro em lavrar enérgico protesto contra aquele bombardeamento. Monarquia, colocou-se o Brasil ao lado da república do Chile contra a, para eles, poderosa monarquia espanhola.

A nota em que esse protesto foi notificado ao governo espanhol é um modelo de insigne bizarria.

Ainda outro exemplo de alto civismo:

Em 1895, a Inglaterra apodera-se de um rochedo estéril — a ilha da Trindade, — pertencente ao Brasil. Levanta-se este reivindicando com tal energia o seu direito, que o insignificante ponto usurpado nos foi restituído, arriando-se ali, diante do nosso, o altivo pavilhão de Albion.

O Brasil nunca vendeu uma parcela do seu território, como a França praticou com a Luisiânia, a Rússia com Alasca e a Espanha com as Carolinas. Sempre vencedor nos pleitos submetidos a arbitramento, como no caso de 1862 com a Inglaterra, no de Missões com a Argentina, e no do Amapá com a França, viu seu soberano, o Sr. D. Pedro II, três vezes ser nomeado membro de importantes tribunais arbitrais: os de Genebra, Washington e Santiago do Chile.

No correr dos cinco anos que durou a sua aliança com a Argentina e o Uruguai, contra o despotismo de Solano Lopez, jamais suscitou-se entre os três exércitos e os três governos, de regime tão diferente, o menor atrito. Reinou sem interrupção perfeita cordialidade.

O procedimento que observa em tudo um homem de bem, — eis a norma imudável do Brasil nas relações internacionais.

A constituição vigente, consignando princípios a que sempre obedecemos, estatui que o Brasil em caso algum se empenhará em guerra de conquista, direta ou indiretamente, por si ou em aliança com outra nação. Só fará guerra se não tiver lugar o recurso do arbitramento.

XXVIII
Décimo motivo da superioridade do Brasil: as glórias a colher nele

A quem se dedicar ao estudo das cousas brasileiras não hão de faltar honras nem satisfações. O Brasil oferece um campo de investigações superior ao de outros países. Basta dizer que até a ciência da sua topografia apresenta ainda grandes lacunas. O interior jaz inexplorado. Imensas, belas e riquíssimas regiões esperam os seus Livingstone e Stanleys. O Xingu, desconhecido até 1884, é assinalado, após a viagem de Karl von Steinen, como tendo sido o centro de dispersão de uma das grandes raças americanas que foram até os Andes, Guiana, Venezuela e Antilhas.

Há quem afirme a origem mongólica dos índios do Brasil. Donde vieram? Quando e como efetuaram a migração? Comunicou-se outrora o Novo Mundo com o asiático? Serão os egípcios, como querem outros, os ascendentes dos nossos tupis?

A verdade é que a procedência dos selvagens brasileiros constitui problema ainda não resolvido. Abandonou-se a hipótese de que formavam uma só raça, com uma língua geral — o tupi-guarani, — única regularmente estudada. Vão-se descobrindo várias raças absolutamente distintas entre si.

O naturalista dinamarquês Peter Wilhelm Lund descobriu centenas de espécies pré-históricas no vale do Rio das Velhas e cavernas da Lagoa Santa afirmando a existência do homem no Brasil, em época na qual não se supunha tivesse vivido o gênero humano em qualquer outro ponto.

Do homem fóssil brasileiro, descendem — dizem — os atuais Botocudos.

Os *sambaquis*, — montículos artificiais abundantes no litoral do sul do Brasil, construídos de conchas e cascas de ostras, — atestam a existência do homem em nossas plagas, muito antes dos tempos históricos.

Os restos daí exumados provam que esse homem usava instrumentos rudimentares de pedra lascada, conhecia o fogo com que cozinhava, e certas indústrias primitivas.

Representam os *sambaquis* enorme soma de trabalho. Árvores seculares inseriam neles as suas raízes. Deles se extrai excelente cal com que há trezentos anos se edificam cidades.

E a lenda de ter estado S. Tomé no Brasil, havendo ensinado o uso da mandioca?

E certos índios mostrarem, antes dos missionários, noções da doutrina cristã que alegavam lhes ter sido pregada desde muitas luas? E as suas artes? E as suas instituições semelhantes às germânicas? E os seus dialetos? E o seu número outrora e hoje? E os objetos cerâmicos achados na ilha de Marajó?

Um naturalista levou 11 anos estudando os insetos do Amazonas. A nossa fauna e a nossa flora apresentam peculiaridades ainda inexplicadas. Assim várias espécies dão em certos pontos e em outros não, quando, entretanto, as indicações climatológicas, são idênticas. Daí se infere, diz um escritor, que há modificações da natureza que escapam à nossa observação e meios de análise, mas bastante ativas para influírem silenciosamente sobre a organização das plantas e dos animais, de modo a isolá-los em determinadas regiões, não lhes permitindo a procriação fora de fixos limites.

Quantas interessantes questões etnográficas, antropológicas, geológicas, filológicas, históricas, botânicas, zoológicas, dignas de absorverem os doutos, capazes de conferirem a quem as estudar a mais pura imortalidade.

Que vasta e convidativa seara de glórias!

XXIX
Undécimo motivo da superioridade do Brasil: a sua história

Se não abundam feitos extraordinários na história pátria, também não os há deprimentes ou vergonhosos.

Raras e pouco duradouras tiranias temos suportado.

A conquista portuguesa não se caracteriza pelas violências da espanhola, acrescendo que Cabral topou apenas com broncos selvagens, enquanto Cortez e Pizarro encontraram civilizações adiantadas no México e no Peru, e totalmente as destruíram.

O nosso regime colonial foi mais suave que o de quase todos os povos americanos.

Não nos desonram as leis então dominantes, muitas em vigor até agora.

Inspiravam-se nas melhores ideias da época. Acusá-las de não consignarem os modernos princípios de liberdade e progresso equivale a malsinar o governo de então por não ter instituído na colônia estradas de ferro e telégrafos,

inventados mais de 300 anos após o descobrimento.

Essas leis não as imaginaram adrede os portugueses. Colheram-nas na tradição e na prática das nações mais avançadas, adaptando- as ao meio em que iam ser aplicadas. Outros povos as copiaram dos portugueses, exagerando- lhes o rigor. Portugal não tinha uma legislação para si, diferente da que impunha ao Brasil colonial, onde aliás a população se constituía de portugueses e descendentes de portugueses. Ao contrário, dir-se-ia que no Brasil, imperava regime mais tolerável que o da metrópole.

Com a divisão em capitanias (1530 a 1535), a cujos donatários transferiu a coroa a mor parte dos seus direitos majestáticos, tornou-se o Brasil quase independente. Mostra Oliveira Martins que nesta primeira constituição da América portuguesa, uma política de sensata liberdade isentava a agricultura, a indústria e o comércio de restrições vexatórias, franqueando a colônia aos estrangeiros, mediante o pagamento de leves direitos diferenciais. Os impostos eram moderados, poucos os artigos estancados. Era livre a translação dos indivíduos de umas para as outras capitanias, e de qualquer delas para o estrangeiro.

Em seguida, no sistema dos governos gerais, que durou desde 1548 até à independência, cada funcionário importante recebeu um regimento marcando-lhe as atribuições. O Brasil se organizou assim, observa Porto Seguro, mais constitucionalmente que o próprio Portugal.

Nunca dominou entre nós naquele período o arbítrio sem limites. A ação da autoridade tinha peias e contrapesos. Abusos se praticaram, como ainda hoje em toda parte se praticam. Mas qual o governador ou capitão-mor cujo nome ficasse, como sinônimo de sanguinário ou prevaricador, amaldiçoado pela memória pública? Onde o nosso Rosas ou Solano Lopez?

Os governadores eram obrigados a dar conta a El-Rei, em todas as ocasiões possíveis, de quaisquer sucessos ocorridos; não podiam demorar-se na colônia depois de concluído o seu tempo, três anos, nem levar a ela seus filhos, ou consentir que eles cá viessem; não lhes era lícito mandar presentes aos membros do Conselho Ultramarino, tribunal encarregado dos negócios coloniais, nem comerciar de qualquer forma, nem permitir que os subordinados lhes mandassem tirar o retrato, nem fazer prisões por mais de oito dias, sem sujeitar logo os presos ao poder judiciário, nem entender de qualquer forma, nas cousas da justiça. No fim de cada administração, abriam-se *residências*, isto é, devassas sobre todos os atos do ex-governador. Nessas devassas depunham os seus administrados da véspera, às vezes mais de 100 pessoas.

No regime colonial brasileiro, três fatos sobressaem que muito o enobrecem: a independência atribuída pelas leis ao poder judiciário e de que realmente ele gozava; a autonomia do elemento municipal; a ausência de preconceitos de raça, cor ou seita.

Os magistrados, no exercício de seus cargos, não davam contas a ninguém. Podiam prender qualquer autoridade que se lhes atrevesse, emprazar os governadores e capitães-mores para comparecerem nas cortes, à simples tentativa de semelhante atentado. No Maranhão, foi suspenso pela administração de Lisboa o governador Manoel de Rolim e Moura que, por seu próprio arbítrio, suspendera o ouvidor.

Quanto ao elemento popular, desde 1531, nas duas vilas fundadas por Martim Afonso de Souza, houve simulacros de

Câmaras Municipais. Com o correr do tempo, adquiriram essas câmaras considerável expansão e autoridade política, podendo até nomear e suspender governadores, aos quais davam posse. Exerciam vasta jurisdição por si sós nos casos de pequena importância. Nos mais graves, convocavam as chamadas *Juntas Gerais*, compostas dos principais empregados e das pessoas mais idôneas, juntas em que se decidia à pluralidade de votos. Provinham tais faculdades mais de direito costumeiro que de direito escrito.

Um caso, entre muitos, prova a força das antigas municipalidades: A ilha de Itaparica foi por Tomé de Souza doada a D. Violante de Tavora, mãe do conde da Castanheira, então influente ministro da coroa. Mas nem a agraciada, nem seus herdeiros se aproveitaram da doação, apesar da outorga pelo soberano de um foral e de muitas confirmações régias, por se haver sempre oposto ao ato de posse a Câmara da Bahia, alegando uma cláusula do regimento do governador, em virtude da qual só poderia dar de sesmaria a terra que o beneficiado viesse colonizar, obrigando-se a ir nela viver dentro de três anos, o que não se realizou com D. Violante e seus herdeiros.

Várias câmaras representavam contra os governadores, como a da Bahia contra D. Duarte da Costa e a do Rio de Janeiro contra Salvador Corrêa, cujo procedimento El-Rei estranhou. Outras enviavam seus procuradores a Lisboa, servindo-se em mensagens ao monarca da mais enérgica linguagem.

Mesmo no distrito aurífero e diamantino, colônia na colônia, sequestrado do resto do mundo, costumavam os governadores convocar os procuradores das câmaras e pessoas da nobreza para pôr em execução certas medidas, entrando em acordo com eles, fazendo ajustes e contratos relativos à cobrança de impostos.

No tocante à ausência de preconceitos, vimos os primeiros colonos, o bacharel Duarte Peres, João Ramalho e Caramuru, desposando índias, e o governo promovendo as alianças com mestiços, protegendo-os, distinguindo-os. A inquisição não medrou entre nós. Nunca travamos lutas ou exercemos perseguições religiosas. O poder eclesiástico gozava de tais garantias que um bispo do Maranhão, D. Theodoro do Sacramento, lançou excomunhão contra El-Rei.

Acrescentai que no regime colonial a regra foi ordem, paz, raras guerras civis, progresso contínuo, sem vicissitudes revolucionárias e retrocessos violentos; que, abolido esse regime, continuamos amigos da mãe pátria; que as nossas crônicas estão cheias de episódios comoventes, trágicos e heroicos, lendas poéticas, questões curiosas, prendendo-se à nossa história todos os fatos notáveis ocorridos no Ocidente desde 1500, quais a Renascença, a Reforma Luterana, o prestígio e a decadência da Companhia de Jesus, a grandeza e o declínio da Espanha, a supremacia da Holanda e da Inglaterra nos mares, as guerras de sucessão, a revolução francesa, Napoleão; que conhecemos com plenitude certas liberdades quando nas sociedades mais cultas elas ainda sofriam restrições; — e confessareis que o nosso passado, longe de nos humilhar ou entristecer, ministra-nos altos títulos de ufania.

A nossa história não é pálida e fastidiosa, como alguns afirmam. Cinco pontos dela, pelo menos, merecem celebração épica, pois são gloriosos como os mais gloriosos da humanidade. Esses pontos são — os jesuítas; os bandeirantes; a guerra holandesa; a guerra dos Palmares; a retirada da Laguna.

XXX
Os jesuítas

Durante os 210 anos em que estiveram no Brasil colonial (de 1549 a 1759) praticaram os jesuítas grandes feitos, apresentaram figuras imortais.

Com Tomé de Souza, o primeiro governador-geral, veio Manoel da Nóbrega, de família fidalga, bacharel em cânones, depois de brilhantes estudos em Salamanca e Coimbra. Espírito organizador, funda na Bahia uma escola, onde os filhos dos aborígenes começam a aprender. Auxilia eficazmente a honesta e fecunda administração de Tomé de Souza. Contribui para a expulsão dos franceses do Rio de Janeiro. Viaja tanto que os índios o chamam de *padre voador*. Sua atividade, seus serviços, sua virtude excedem qualquer elogio.

Ao mesmo tempo, vem Aspilcueta Navarro que aprende por si só o idioma dos índios, prepara um catecismo em língua tupi, traslada para essa língua as orações católicas e nela prega o Evangelho aos selvagens.

Vem depois José de Anchieta, o taumaturgo, o santo do Brasil. Anchieta vai para Piratininga como mestre-escola. Passa aí misérias sem nome, fome, frio, falta de roupa, morando numa pequena barraca, onde funcionavam as aulas, e que era, há um tempo, enfermaria, dormitório, refeitório, cozinha, despensa. Ensinava latim e aprendia tupi, de que compôs o vocabulário e a primeira gramática. Trabalhava dia e noite, escrevendo as lições para cada aluno, pois não havia livro. Escrevia hinos, baladas, interrogatórios para confissões, resumos dialogados da fé cristã e autos teatrais que os índios representavam ou viam representar, em palcos por ele improvisados. Exercia funções de médico, barbeiro, fazedor de alpercatas, cujos cordões serviam também de disciplinas. Poeta, elaborou um poema sobre a vida da Virgem Maria, na esperança de manter a própria pureza, fixo o pensamento na mais pura das mulheres. Sem papel, pena e tinta, metrificava os versos, passeando. Traçava-os em seguida na areia e os confiava à memória.

Segundo o testemunho de muitos contemporâneos, dominava os elementos, curava moléstias, adivinhava os pensamentos e os segredos do coração. Ressuscitava mortos afim de os batizar. Para resguardá-lo do sol, as aves, com as asas abertas, formavam-lhe um docel sobre a cabeça. Nas redes se lhe vinham meter os peixes, quando deles carecia. Feras o acompanhavam, servindo de escolta.

Enquanto, olhos no céu, trabalhava mentalmente o seu poema sobre Maria, um pequeno pássaro ora o rodeava e festejava com brando voo, ora lhe pousava caricioso na fronte, nos ombros, nas mãos. Mostrava-se sempre humilde, dizendo-se vil pecador ignorante! Os tamoios o denominavam — *Grão Pajé* dos cristãos. Atribuíam-lhe o poder sobrenatural de suspender os braços armados. De Anchieta afirmou um prelado: a Companhia de Jesus é um anel de ouro, ele a pedra preciosa desse anel.

Outro jesuíta lendário, João de Almeida, levava a mortificar a carne, perseguindo o corpo como um inimigo. Considerava as disciplinas a armadura com que o soldado de Cristo se veste para as batalhas contra o demônio. Punha seixos nos sapatos, quando andava, para molestar os pés. Nunca enxotou as moscas e mosquitos que o assaltavam. Chegou a 82 anos de uma vida sem mácula. Começou a definhar quando lhe tiraram os suplícios e azorragues.

Extraordinária a sua popularidade! Durante a moléstia que o levou, o povo afluiu ao convento para ver como morria um santo. Queriam à força trechos de seus escritos, pedaços de suas roupas, restos de seus cilícios, qualquer cousa em que houvesse tocado.

Aplicavam objetos ao corpo do moribundo, a fim de os tornar milagrosos.

Os médicos o sangraram: lenços com gotas de seu sangue foram disputados com ardor.

Quando os sinos anunciaram a sua morte, foi uma calamidade pública, uma invasão desesperada em seu modesto aposento. Governador, bispo, magistrados, nobreza, milícias, tudo correu para o serviço fúnebre. Outras pessoas mortas no mesmo dia dificilmente tiveram quem as enterrasse. Milhares de indivíduos beijaram o cadáver exposto. Forte guarda impediu que lhe arrebatassem os vestidos. Muita gente afirmou que ele abrira os olhos, depois de morto, e exalava suavíssimo aroma.

A despeito de mil precauções, tiraram-lhe retalhos do hábito e do féretro, bem como as flores que o cobriam. Sepultaram-no, com todas as cautelas. Dias depois apareceu desenterrado com as vestes e os cabelos cortados. Essas relíquias foram guardadas por muito tempo, como preciosidades, invocando-se o nome de João de Almeida, qual o de um grande santo.

E o vulto gigantesco de Antônio Vieira?! Dotado de magníficos talentos, um dos maiores escritores da literatura portuguesa, orador extraordinário que chegou a invectivar do púlpito, em arroubos de sublime eloquência, não já os poderosos da terra, mas a própria Divindade, inspirador de reis, embaixador, professor, estadista de largas vistas, adiantadíssimo para a sua época, poliglota, amigo e advogado dos selvagens, Antônio Vieira é uma glória do Brasil, pois no Brasil se educou e passou a mor parte da extensa e proveitosa existência.

A par daqueles estupendos dotes de inteligência, ostentava raras qualidades morais. Esmoler, abnegado, sempre rijo nos costumes, infenso aos excessos da Inquisição que o persegue, recusa os cargos e distinções. Seu desejo consistia em viver no meio dos índios, de que submeteu tribos ferozes, e fundar igrejas no sertão. Seus sermões, não raro vibrantes panfletos, transformavam o púlpito em órgão da opinião pública, verberando os abusos dos governantes.

Nem lhe faltou a ingratidão e a injustiça. Sofreu os furores de sublevações populares; foi preso; quase morreu a fome, revelando nesses transes grande coragem e resignação.

Na história dos jesuítas do Brasil, figuram numerosos mártires. Em 1571, o provincial Inácio de Azevedo e mais 67 companheiros pereceram em viagem para a Bahia, trucidados por piratas huguenotes. Refere Southey a legenda de que, morto Azevedo, não puderam os hereges arrancar-lhe das mãos um retrato da Virgem, cópia do feito por S. Lucas. Arrojado ao mar, o cadáver estendeu os braços, colocando-os na postura de um crucificado. Içaram os piratas o corpo a bordo, amarraram-lhe os membros, tirando-os à força daquela atitude, e tornaram a arremessá-lo à água. Então, ergueu-se ele direito sobre as ondas, estendeu de novo os braços da mesma forma, segurando a pintura, à guisa de estandarte, e assim continuou até que a esquadra herege se perdeu no horizonte. Pouco depois, passando um navio católico pelo lugar do martírio, subiu o corpo do seio das vagas na mesma atitude, depositou o retrato a bordo e volveu a mergulhar-se. A imagem, com os ensanguentados dedos de Azevedo nela impressos, foi exposta na Bahia à veneração dos fiéis.

XXXI
Serviços dos jesuítas ao Brasil

Nem os mais ferrenhos adversários dos jesuítas poderão negar que eles no Brasil prestaram, quando menos, estes serviços: conversão dos índios, de quem foram sempre advogados; educação da mocidade; construção de grandes edifícios — igrejas, palácios, conventos — que passaram a ser importantes próprios nacionais.

Quanto aos índios, lutaram contra as suas crendices e os seus vícios, combateram a poligamia, a embriaguez, a antropofagia, chegando a arrebatar prisioneiros, prestes a serem devorados, no meio do furor da horda estupefata. Desprendidos dos laços da terra, não só não temiam o martírio como o ambicionavam. Arriscavam a vida todos os dias, sem o mínimo interesse. Com perseverança, coragem e fé inabaláveis, debelavam os piores obstáculos.

Começaram angariando a afeição dos pequenos selvagens. Aprendem deles algumas palavras do seu idioma. Utilizam-nos como intérpretes. Captam as boas graças dos pais, visitando-lhes e curando-lhes os enfermos.

Quantas prevenções a destruir! São considerados como espíritos malignos, portadores da peste. Acreditam os índios que o batismo produz epidemias. Usam os missionários então de mil engenhosos estratagemas para lhes vencer a relutância. Batizam com água de que embebem os lenços e as mangas.

Servem-se da música para produzir impressão. Organizam procissões, em cuja frente cantam, como meninos de coro, pequenos índios. Os outros achegam-se atraídos e, a pouco e pouco, dominados, começam a tomar parte no cântico.

Põem em solfa o catecismo, o credo, as orações principais e, conseguem, assim, que os selvagens as repitam cantando, e as conservem de cor. Combatem, além disso, as deturpações cristãs que se estabelecem em algumas tribos e, sobretudo, a má vontade dos habitantes, cujos abusos profligam e contra cuja ganância defendem os naturais do país. A sua campanha é semelhante à que recentemente os abolicionistas travaram contra os escravocratas, com a diferença de que os jesuítas corriam maiores riscos, sofreram muito mais, sendo vítimas de revoltantes injustiças, e, afinal, expulsos.

Exprobrava o padre Leonardo Nunes a dureza de um senhor. Este irritado levanta um pau para lhe bater. O padre ajoelha-se a fim de receber o golpe, mas continua a exprobração. O senhor fugiu envergonhado.

Os jesuítas eram o elemento moral da primitiva sociedade brasileira, cujos costumes buscaram elevar, não transigindo com os potentados. As primeiras escolas havidas no Brasil construíram-nas e dirigiram-nas eles. Edificaram a primeira igreja, eles próprios amassando o barro, cortando as madeiras, executando todo o trabalho material.

Celebraram o sacrifício divino muita vez em capelas improvisadas, cobertas de folhas de palmeira. Ensinavam em humildes choças, ou ao ar livre.

Nas guerras revelavam alta bravura. Nóbrega auxiliou os soldados que expeliram os franceses do Rio de Janeiro.

Animava-os nos combates, colocando-se lhes na frente, empunhando um crucifixo. Ele e Anchieta salvam Piratininga do assalto dos tamoios confederados. Eram 20.000 índios armados, furiosos, prontos a invadir e destruir a nascente povoação. Os dois jesuítas partem sozinhos para negociar a paz. Ficam como reféns no seio do exército selvagem.

Anchieta fala-lhes no idioma deles. Eles mais de uma vez querem trucidar os dois audazes missionários. Mas cedem à eloquência, à força moral de ambos, cuja santidade os assombra.

A par deste, quantos outros exemplos de heroísmo obscuro, de sacrifício mudo, de trabalho sem prêmio, de desconhecida dedicação! Nóbrega, por meio de suas viagens e pelas dos padres que dissemina por todo o território do Brasil, estabelece troca de notícias, relações e comunicações entre as capitanias isoladas.

Durante uma epidemia de bexigas que assolou o litoral do Brasil em 1665, mostram inexcedível caridade. E nunca manifestaram ambição de mando ou fortuna, nunca fizeram mal. Qual o criminoso entre eles?

Estudaram a nossa terra com inteligência e amor. Muitos de seus manuscritos perderam-se nos motins de que foram vítimas e na ocasião da expulsão. Os escritos que restam constituem preciosa fonte para o conhecimento do nosso passado. Organizaram cartas e roteiros, investigaram os dialetos e hábitos de nossos indígenas, descobriram e apregoaram as riquezas e belezas do nosso país.

Foram incontestavelmente grandes amigos nossos. Mal de nós se lhes não tributássemos respeito e gratidão.

XXXII
Os bandeirantes

Há poesia e grandeza imensas, indomável energia, tenacidade incomparável, nesses bandos de aventureiros, que, sem itinerário, sem bússola, sem abrigo, guiando-se pelo curso dos rios, pelas altas montanhas ou à lei do acaso, alimentando- se dos produtos da caça e da pesca, dormindo ao relento, navegando em jangadas, transpondo cachoeiras, pauis, abismos, florestas ínvias, sítios quase inacessíveis, arrostando feras, répteis, selvagens antropófagos, astutos e vingativos, debelando perigos mil vezes mais formidáveis que os do oceano desconhecido, através febres, naufrágios, desastres, ferimentos, guerras, sacrifícios constantes, lá se iam à conquista do remoto sertão misterioso!

Não os detém ou amedrontam barreiras e contratempos: chuvas, secas, frios. Se nada encontravam para comer, roíam raízes que, não raro, tóxicas, os matavam no meio de sofrimentos atrozes. Disputavam o terreno palmo a palmo. Mascavam ervas, sugavam o sangue de animais mortos, quando a água faltava. Não paravam para tratar dos enfermos ou feridos. Os que não podiam seguir ficavam abandonados nas matas.

Expedições inteiras, compostas de centenas de pessoas, partem e não voltam: desaparecem, sem deixar o mínimo vestígio. A partida efetua-se sempre sem esperança de regresso. Impossível para os que partem mandar notícias aos parentes e amigos que os não acompanham.

Uma ou outra vez acampam; semeiam cereais; fazem a colheita, e prosseguem na áspera jornada, sem destino certo. É uma cidade que viaja, observa um escritor: homens, mulheres, crianças, animais domésticos, formando uma comunhão errática, segregada do resto do mundo, passando meses e anos nas selvas, totalmente livre, — comunhão, onde não se observa lei alguma escrita, afeita à resignação e sobriedade extremas, descuidosa e imprevidente; que não conta o tempo ou perde a noção dele; que às vezes adota os costumes e as crenças dos índios, e em cujo seio ocorrem tragédias obscuras e horríveis.

E, obstinados, sem desanimar ante inúmeras catástrofes, percorrem o interior do Brasil, durante um século inteiro, descortinam regiões enormes, realizam excursões difíceis ainda hoje, com todos os recursos da civilização, fazem ver a face dos brancos onde ela jamais aparecera e nunca mais apareceu. Atravessam o continente, chegam aos Andes, ao norte do Paraguai, às cordilheiras do Peru, quebrando extraordinárias resistências, reduzindo os indígenas à escravidão, expulsando os espanhóis do território português, sustentando longas e sanguinolentas campanhas, descobrindo o ouro e os diamantes.

Minas Gerais, Goiás, Mato Grosso, o oeste de
S. Paulo foram explorados, sem intervenção do governo, graças à audaz iniciativa deles.

Quantos úteis roteiros não organizaram! A quantos lugares, montes, rios, não deram nome! Que de formosas lendas, provenientes das suas façanhas, não ataviam a imaginação popular!

Os bandeirantes — eis a nota galharda e rubra dos nossos anais.

XXXIII
A República de Palmares

Há mais de dois séculos, em pleno Brasil colonial, existiu, durante cerca de 60 anos, uma comunhão de homens livres, regularmente organizada, com perto de 100.000 habitantes, — (maior população que a das antigas repúblicas gregas), — fortes, enérgicos, dedicados a trabalhos agrícolas. Era constituída por negros fugidos ao cativeiro e homens de cor foragidos da justiça.

Achava-se situada na parte superior do rio São Francisco, no atual Estado de Alagoas. Chamava-se *Palmares*, por causa de extenso palmeiral que em seu território florescia.

Formavam-na várias aldeias confederadas, denominadas *mocambos* com uma capital de talvez 6.000 moradores, defendida por meio de dupla cerca de paus a pique e numerosos baluartes.

O recinto, assim fortificado, abrangia larga extensão, e só tinha três portas. Atravessavam-no rios piscosos. Erguia-se dentro dele o palácio do chefe *Zambi* — palavra sinônima, num dialeto africano, de divindade. Sobrelevava ao palácio altíssima e escarpada rocha, servindo de torre de vigia, pois de seu cimo se avistava muito longe.

Esse asilo de desgraçados, engendrado como Roma, e cujos primeiros cidadãos tiveram de suprir a falta de mulheres roubando-as aos vizinhos, à imitação dos primitivos romanos, tornou-se com o tempo formidável pelo número e pela disciplina. Grandemente trabalhadores cultivavam as terras férteis e abundantes de caça. Celebravam as colheitas com estrepitosas festas.

Mantinham celeiros para os casos de guerra e carestia. Não precisavam do resto do mundo, tirando do seu próprio território tudo aquilo de que careciam. Faziam, porém, às vezes, correrias nos territórios circunvizinhos, respeitando os portugueses que com eles traficavam e lhes forneciam armas e munições.

A história dessa gente foi sucintamente traçada por aqueles que a exterminaram. Tributam estes, entretanto, homenagem de respeito à coragem com que defendeu a sua independência e às nobres qualidades que revelou.

O chefe — Zambi — era eletivo e vitalício, escolhido pelo seu espírito de justiça e pela sua bravura. Vivia no palácio, cercado dos próceres da população. Só se lhe falava com o joelho em terra. Obedeciam-lhe cegamente. Nunca uma conspiração, revolta ou luta para empolgar o poder. Assistia ao Zambi um conselho de homens experientes.

Intenso sentimento religioso dominava em *Palmares*, mas de uma religião especial, misto de práticas cristãs e idolatria africana. Adoravam o símbolo da cruz. Tinham oficiais e magistrados. Puniam com a morte — o roubo, o adultério, o assassínio; aplicavam igual pena aos que, havendo se unido a eles, tentavam fugir. Todas as tardes procedia-se à chamada para verificar quem faltava. Muito experimentados em exercícios de guerra, reinava entre eles perfeita igualdade social, apesar da hierarquia militar bem ordenada.

O governo da metrópole empregou reiterados esforços para destruir *Palmares*. Expediu a respeito numerosas ordens, promulgou diferentes leis que não foram cumpridas.

Agredidos, por vezes, retaliaram os negros, assolando as povoações próximas. De 1675 a 1678, repeliram 25 investidas. Atacaram-nos, sem resultado, os holandeses e o vencedor de Guararapes, Francisco Barreto de Menezes. O governador D. Pedro de Almeida celebrou um tratado com o Zambi Gangasuma, reconhecendo- lhes e assegurando--lhes a independência.

Durou alguns anos a paz. Mas o governador Caetano de Mello resolveu acabar com eles. Não confiando nos recursos da sua capitania, solicitou o auxílio dos paulistas, famosos pela intrepidez.

Domingos Jorge Velho, comandando um troço de paulistas, supôs fácil a empresa de desbaratar os pretos mal--armados. Procura cercá- los. Fazem eles uma sortida, destroçam os atacantes, obrigam-nos à retirada. Reforços, enviados de vários pontos, engrossam o exército de Domingos Jorge Velho. Os negros preparam-se para desesperada resistência. Destroem os *mocambos* afastados e tudo quanto podia servir de alimentação aos brancos; concentram--se na capital.

Os paulistas assaltam-na com fúria; buscam escalar a estacada defensiva. São rechaçados, com consideráveis perdas, por meio de pedras, água a ferver, fogo. Por fim, escasseiam as munições e os alimentos aos negros, desprovidos de armas de arremesso. Também os paulistas exaustos ficam reduzidos a meia ração. Sofre-se atrozmente nos dois campos tenazes e heroicos.

Chegam novos reforços e artilharia aos paulistas. Operam estes frenética investida; forçam uma das portas; invadem a capital de Palmares.

Então, o Zambi e os seus principais sequazes, preferindo a morte à servidão, sobem ao cume da alcantilada rocha que sobrepujava o povoado, e, com resolução estoica, precipitam-se no vácuo...

Indescritível a alegria dos vencedores! Procissões de regozijo percorrem as ruas de Olinda. Das janelas do governador atira-se dinheiro ao povo. São escravizados os poucos sobreviventes dos vencidos. Separam-se as mães dos filhos, os maridos das esposas. Ai daqueles que inspiram a desconfiança de nutrirem ideias de desforra! O menos que se lhes faz é os exilarem para pontos remotos.

E da valente república de Palmares não permanece senão vaga reminiscência, bastante, contudo, para que um poeta inspirado a transforme em magnífic .

XXXIV
A guerra holandesa

Oliveira Martins chama a guerra holandesa — nova Ilíada. Mas a guerra de Tróia, celebrada nesta epopeia por Homero, durou dez anos. Prolongou-se por 30 a que o Brasil sustentou contra o neerlandês invasor. E, segundo D. Francisco Manoel de Mello, não há exemplo, nos arquivos da lembrança humana, de outra luta travada em análogas condições e com semelhante felicidade conseguida, — luta que por si só nobilitaria a história de um povo.

Na realidade, a guerra holandesa mostra quanto podem a perseverança e o heroísmo.

Desde o primeiro ataque à Bahia, em 1624, registam-se feitos extraordinários, como o do bispo octogenário D. Marcos Teixeira, doutor em cânones, coberto de serviços prestados em Évora, Coimbra e Lisboa, o qual troca o báculo pela espada, comanda a resistência, trabalha em pessoa nas fortificações, morre de fadiga, depois de ter dirigido seis meses feliz campanha contra os agressores.

De 1630 a 1654, desajudados, sem recursos, tendo adversos a si todos os elementos, desobedecendo ao seu rei para melhor o servir, sustentam os brasileiros contra forças superiores e aguerridas, entretidas por poderosa e rica nacionalidade, tenaz e implacável peleja, mais audaz e corajosa que a dos convencionais franceses contra a Europa coligada.

O brasileiro Matias de Albuquerque, batido em começo, não desanima, e traça o plano cuja execução, após vinte anos de contrariedades, assegura a vitória final.

Não consente em mitigação alguma, na contenda; quer a guerra com todo o seu rigor, não dando nem pedindo quartel. Ser ferido em combate é o mesmo que ser morto.

Confinados no Recife, já pensam os holandeses em abandonar o Brasil, quando para eles se bandeia o mameluco Calabar. Guiados por esse brasileiro, alcançam grandes vantagens. Matias de Albuquerque resolve retirar-se, e a população brasileira o acompanha, emigrando em massa. É uma página trágica esse êxodo em que os fugitivos, famílias inteiras, veem-se constantemente acossados pelo inimigo e por moléstias, famintos, sequiosos, perdidos no sertão bravio, caindo aos centos. Nascem crianças nos matos até então intransitados. Leva cada homem numa das mãos o mosquete, noutra as parcas provisões. Arrastam-se os velhos e os débeis. E abrem caminho centenas de léguas, para evitar a dominação estrangeira.

De nada valeu aos holandeses a administração inteligente de Maurício de Nassau, que, em oito anos de governo, mostrou tolerância e justiça, instituiu certas liberdades, reuniu no Recife a primeira assembleia legislativa da América do Sul, edificou palácios, manifestou-se amigo do Brasil. Eram estrangeiros e hereges. Foram expulsos; apagaram-se-lhes os vestígios.

Quantos episódios legendários! Num forte do Rio Formoso, 20 brasileiros opõem-se à arremetida de 500 holandeses.

Entram estes, afinal; mas encontram 19 cadáveres. Ferido, escapara a nado o último dos defensores.

O brasileiro Luiz Barbalho, à frente de 1300 homens, atravessa 400 léguas do território ocupado pelo inimigo, conquistando passagem à ponta de espada, batalhando todos os dias.

D. Maria de Souza perdera dois filhos e um genro em combate. Ao perder terceiro filho, chama dois que lhe restavam, um de 14 e outro de 13 anos, anuncia-lhes a morte do irmão, entrega-lhes armas e manda-os pelejar, mostrando-se eles dignos de tal mãe.

Muito se notabilizaram as mulheres nesta guerra. D. Clara, esposa de Camarão, batia-se a cavalo, ao lado do intemerato marido. Em Tejecupapo, senhoras e donzelas armadas de espingardas e lanças, repeliram numa trincheira as forças do almirante Lichthardt.

Numa capitulação, admite-se que os padres saiam de pistola à cinta, como soldados.

Os holandeses confessaram que combatiam um povo valoroso e ágil. Durante a guerra, mandou o governador do Maranhão explorar o Amazonas até Quito.

Na batalha de Tabocas, aparece, distribuindo cartuchos, formosíssima mulher, trajando de branco e azul, trazendo nos braços um menino e junto a si um ancião. Acreditam os soldados que era Nossa Senhora, cujo nome invocavam no meio do conflito, cantando a Salve Rainha, e Santo Antônio, de que os calvinistas haviam profanado uma capela.

Portugal chegou a querer ceder Pernambuco à Holanda. Mas os brasileiros, fazendo mais do que aquele reino e o de Espanha, não o consentiram, e desafogaram o seu território, na frase de Antônio Vieira, restituindo a El-Rei 3 cidades, 8 vilas, 14 fortalezas, 4 capitanias e trezentas léguas de costas tomadas ao invasor.

Na guerra holandesa, observa Oliveira Lima, reúnem-se harmonicamente todos os elementos que formam o brasileiro. É o português, representado por João Fernandes Vieira que manda incendiar os canaviais de sua propriedade para tirar recursos ao inimigo e a quem o papa Leão X confere o título de restaurador do catolicismo na América, — João Fernandes Vieira, cabeça da revolta, tipo do colono laborioso e rijo; é o índio Camarão, simbolicamente desaparecido antes do triunfo final: é o negro Henrique Dias, dez vezes ferido, prestativo, incansável, paciente e denodado; é o brasileiro André Vidal de Negreiros, representando o produto da integração desses três elementos, — generoso, desprendido e altivo.

XXXV
A retirada da Laguna

Um dos feitos mais gloriosos da história universal é a retirada através da Ásia Menor, quatro séculos antes de Cristo, de dez mil gregos que tinham ido combater a favor de Ciro, o jovem.

Vendo-se sem recursos em país estrangeiro, à grande distância da sua pátria, rodeados de inimigos que lhes assassinam traiçoeiramente os generais, prestes estavam a render-se, quando lhes assume o comando o moço Xenofonte e lhes dirige a viagem de 600 léguas, em 122 dias, por países bárbaros e desconhecidos, superando os mil obstáculos acumulados pela perfídia de gentes adversas, pelas intempéries de rigorosos climas e pela natureza aspérrima.

Graças à coragem, prudência e sabedoria dos chefes, bem como à perseverança e disciplina dos soldados, atravessam vales, montanhas, rios; vencem traições, assaltos, falta de víveres, discórdias, toda sorte de perigos; chegam enfim a salvamento.

E Xenofonte se imortaliza escrevendo os episódios do cometimento em que fora parte importante. A nossa história regista sucesso análogo, em que as tropas brasileiras mostraram constância e heroísmo, iguais, senão superiores, aos dos gregos, sustentando luta mais terrível, passando por maiores riscos, arrostando piores provações.

Nem nos faltou quem, como Xenofonte, tendo sido um dos atores do drama, o descrevesse depois num livro admirável.

Alfredo de Escragnolle Taunay, mais tarde Visconde de Taunay, foi um dos oficiais da expedição que, em 1865, ao começar a guerra do Paraguai, operou no sul de Mato Grosso, havendo sido obrigada a retirar-se de Laguna, naquele país, até o rio Aquidauana, no território nacional. Narrou Escragnolle Taunay as peripécias do fato num trabalho que a crítica nacional e europeia proclamaram rival do de Xenofonte.

O corpo de exército, incumbido de invadir o norte do Paraguai, caminhou 320 léguas e gastou dois anos antes de atingir o seu ponto de destino, perdendo um terço do pessoal em várias e terríveis epidemias, uma das quais vitimou o primeiro comandante.

Com víveres insuficientes, falta de meios de transporte, dispondo de poucas munições, sem animais de montaria, sem esperar reforços, sem conhecer a região onde manobrava, cumpre a ordem de penetrar no território inimigo, julgando assim auxiliar a execução do plano geral da campanha.

É uma pequena coluna, desprovida de cavalos, perdida em vastos espaços desertos. Entretanto, toma uma fortaleza, rechaça em vários recontros o adversário.

Resolve, porém, empreender a retirada — essa difícil operação de guerra, executada por quem não mais nutre esperança ou entusiasmo, e, arrependido, experimenta as consequências de uma falta cometida.

Em 35 dias, percorrem os retirantes 39 léguas, constantemente perseguidos de todos os lados pela poderosa e audaz cavalaria contrária, combatendo todas as horas, assaltados desde que paravam, constrangidos a se privar das bagagens, ficando só com a roupa que vestiam.

Marcham em terrenos alagados, ou cobertos de altas e duras ervas que é preciso cortar a facão, e, deitadas em terra, dilaceram os pés.

Os paraguaios continuamente lançam fogo a essas ervas, convertendo a planície numa fornalha, envolvendo os brasileiros num círculo de chamas. Alimentando-se de vegetais putrefatos, curtindo o suplício da fome e o da sede, sufocados e cegos pela fumaça, lambidos por línguas de fogo, exacerbado pelo vento, recebendo constantes descargas, desalojando o inimigo de qualquer fonte que se lhes depare, prosseguem impávidos. Morrem asfixiados ou em consequências de queimaduras. Ora os abrasa um sol implacável, ora os inundam chuvas torrenciais e geladas, agravando o lodaçal do caminho, erriçado agora de taquaras duras e cortantes como espadas e que, pegando fogo, detonavam como tiros de artilharia.

Prosseguem, no meio de tal inversão de estações e tamanha desordem dos elementos que a natureza parecia revoltada contra eles, — sem ar respirável, acabrunhados, presas quase de sombrio desespero. Como se já não bastassem tantos males e desastres, eis que se manifesta entre eles tremenda epidemia de *cholera-morbus*.

O flagelo faz numerosas vítimas. Não há remédios para centenas de enfermos que deliram e se estorcem sob os raios coruscantes do sol, ou açoitados de chuvas diluviais. Muitos enlouquecem. Um se suicida.

Torna-se tão angustiosa a situação que os chefes deliberam abandonar no mato os enfermos, a fim de que os ainda não contaminados pudessem ir por diante. Executa-se a terrível ordem. Os soldados sãos largam os doentes, — companheiros, parentes, amigos.

Resignam-se estes com o desprendimento da vida próprio do brasileiro. Formulam apenas um pedido: que se lhes deixe um pouco d'água! São

130 os condenados inocentes assim desamparados, sob a simples proteção de um apelo, por meio de pequeno cartaz, à generosidade dos paraguaios: graça para os coléricos!

Concluído o lúgubre holocausto, põe-se em marcha a coluna, sem volver a cabeça. Apenas se afasta, ouvem-se atrás tiros, clamores. Alguns vultos levantam-se, correm, caem. É o inimigo que ataca os moribundos. A coluna instintivamente retarda o passo. Ninguém a alcança. Só um dos coléricos escapou milagrosamente e, mais tarde, depois de sofrimentos indizíveis, reuniu-se aos retirantes. Pouparam-no os paraguaios em vista do seu grau de prostração. "Não se fere um cadáver" disseram.

Morrem de cólera em quarenta e oito horas dois guias, o imediato do comandante e o próprio comandante, mostrando este calma e coragem estupendas.

A coluna está extenuada, reduzida a menos de metade da gente com que invadiu o Paraguai, sem contar entre os mortos mulheres, crianças, mercadores, empregados de serviço. Passa por todas as misérias por que o homem pode passar, sem sucumbir.

Comanda-a um capitão. Mas chega em boa ordem ao lugar determinado. Não deixou prisioneiros. Conserva os seus estandartes e canhões. Patenteia qual a força de resistência da alma brasileira e de quanto é capaz, em o dever lhe exigindo sacrifícios.

XXXVI
A independência do Brasil

O Brasil deixou de depender da metrópole em começo de 1808, quando a corte portuguesa se mudou para o Rio de Janeiro, elevado a capital da monarquia. O príncipe regente D. João o proclamou no manifesto explicativo da mudança, dizendo erguer a voz no seio do novo império que viera fundar. Em 1822, apenas se deu a separação de Portugal.

Por conseguinte, foi o Brasil o primeiro país da América latina que adquiriu autonomia.

Só no correr de 1809, pronunciou-se em Quito o movimento inicial da libertação das colônias espanholas, movimento logo sufocado.

Já vimos que na primitiva organização do Brasil, o regime das capitanias, a coroa portuguesa conservou sobre elas mero protetorado, com poderes restritos. No sistema seguinte, que prevaleceu até à revolução portuguesa de 1820, o dos governos gerais, havia verdadeira constituição, pois os regimentos das autoridades lhes preestabeleciam as atribuições e os deveres.

Desde a mais remota época, manifestou o nosso povo espírito de isenção e dignidade. Não se humilhava aos depositários do poder. Quando os governadores abusavam, não tardavam protestos. Mais de uma municipalidade enviou procuradores a Lisboa defender seus direitos e formular reclamações. Assim, o distrito de Campos de Goitacazes que em 1720 se revoltou contra os seus donatários. Usavam esses procuradores da mais altiva linguagem para com El-Rei. João Francisco Lisboa cita a representação que o da Câmara do Maranhão, Manoel Gonçalves Aranha, redigiu em 1677, como modelo de respeitosa hombridade. A Câmara do Rio de Janeiro obteve que El-Rei estranhasse o procedimento do governador Salvador Corrêa, contra o qual representara. O povo depôs mais de um governador. O de Pernambuco, Jerônimo de Mendonça Furtado, foi preso pela gente de Olinda numa procissão e remetido para Lisboa.

Em 1641, os paulistas quiseram proclamar Amador Bueno seu rei. Em 1711, o pernambucano Bernardo Vieira de Mello; em 1720 o mineiro Felipe dos Santos; em 1789, novamente mineiros, entre os quais Tiradentes, que expiou no patíbulo seu sublime sonho, pensam na independência da Pátria, muito antes que em outros pontos da América tal ideia se manifestasse. Em 1817, proclama-se a república de Pernambuco. Os herdeiros dos donatários de Pernambuco haviam, no rigor do domínio colonial, intentado um processo à coroa que se viu coagida a transigir. Durante o reinado de D. Pedro I, o eleitorado mineiro derrotou o ministro José Antônio da Silva Maia, por quem, ao que se dizia, cabalava em pessoa o Imperador. Sob o Sr.

D. Pedro II, igual demonstração de liberdade eleitoral ocorreu com 6 ministros de Estado que, em vários pleitos, foram repudiados nas urnas, os Srs. Pedro Luiz, Homem de Mello, Bento de Paula e Souza, André Fleury, Mata Machado e Nascimento Portela.

Mas não faltam escritores pouco escrupulosos que timbram em achincalhar o nosso passado, principalmente o modo como se operou a separação de Portugal, em 1822.

Basta recordar alguns fatos para mostrar que nada se praticou então de desairoso para nós, mas, ao contrário, sucedeu muita cousa digna de admiração.

Ao embarcar para a Europa, em abril de 1821, confia D. João VI ao príncipe D. Pedro a administração e governo supremo e provisório do reino do Brasil. A 23 de maio do mesmo ano, decreta D. Pedro a liberdade de imprensa, antecipando, por esta e outras medidas, o regime constitucional. A 9 de janeiro de 1822, declara permanecer no Brasil, em desobediência formal à imposição das cortes portuguesas. A força armada de Portugal, existente no Rio, busca prender D. Pedro e embarcá-lo à força. É D. Pedro quem, empregando máxima energia, disposto à luta material, constrange a divisão lusitana a render-se e a embarcar. A 16 de fevereiro, convoca para se reunir no Rio um conselho de procuradores gerais de todas as províncias brasileiras. A 21 do mesmo mês, proíbe a execução no Brasil, sem a sua sanção, de ordens e leis daquelas cortes. A 3 de junho, convoca uma assembleia legislativa e constituinte incumbida de organizar a constituição pela qual devesse reger-se o continente brasileiro. Finalmente, a 7 de setembro, nas margens do Ipiranga, proclama a inteira separação da antiga metrópole. A separação foi, pois, o resultado de longa série de grandes atos, denotadores de energia, perseverança e civismo nada vulgares.

Não se ultimou essa separação sem luta e derramamento de sangue. O Brasil armou-se, formou exército e esquadra, contratou oficiais estrangeiros quais Cochrane, Mariath, Norton, Taylor, Greenfeld e Labatut. Feriram-se combates em terra e no mar. D. João VI envia emissários a D. Pedro que recusa recebê-los e os obriga a regressarem, devolvendo as cartas do pai. Portugal solicita a mediação inglesa, no intuito de terminar-se a guerra. Graças a essa mediação, celebra-se a convenção de 29 de agosto de 1825, em virtude da qual Portugal reconhece a independência do Brasil. Fizeram-se concessões mútuas na convenção, cedendo o Brasil à vantagem de ser reconhecido por Portugal, a fim de que as mais nações da Europa também o reconhecessem. A prova de que o tratado não nos era infenso está na indignação pública que levantou em Portugal, obtendo a custo o gabinete inglês a ratificação.

Como o Brasil se obrigara a pagar dois milhões de libras esterlinas, ou melhor, assumira a responsabilidade de um empréstimo dessa quantia, contraído por Portugal em Londres, acoimaram alguns oposicionistas o tratado de carta de alforria, afirmando que compramos a nossa independência. Excessos de linguagem injustos e injustificados!

Proveio aquele compromisso de um ajuste de contas, tendo por fim extinguir reclamações de parte a parte. Representou o valor de palácios e outras propriedades particulares de D. João VI no Brasil. Com a separação, apoderara-se este de parte do patrimônio até então comum. Ficaram, demais, pertencendo ao Brasil, mediante a obrigação referida, mercadorias sequestradas, embarcações surtas nos portos, prédios rústicos e urbanos, navios apresados em alto mar, numerosos vasos de guerra. A continuação da campanha teria custado mais. Porém, objetar-se- á, poderia o Brasil vencer afinal e nada pagar.

É exato. Honra lhe seja, entretanto, ter preferido, no começo de sua existência nacional, não fazer questão de dinheiro, praticando para com a velha mãe pátria empobrecida e fraca um ato de honestidade ou cavalheirismo.

XXXVII
Grandes nomes da nossa história

Fulguram na história brasileira nomes notáveis, e belos exemplos de civismo, desinteresse, coragem, honestidade. A muitos ainda não se tributou a devida justiça.

Pouco se fala, por exemplo, em Pero Lopes de Souza, navegador e cronista, do qual dizia a Martim Afonso de Souza, o Conde da Castanheira, ministro d'El-Rei: "vosso irmão está feito um homem muito honrado, e outra vez vos afirmo muito honrado."

Entre os governadores gerais, foram não raros homens superiores, a começar pelo primeiro, Tomé de Souza, de quem também o Conde da Castanheira afirmava — que lhe ia achando cada vez mais qualidades boas, tendo sobre todas a de ser sisudo.

Mem de Sá, íntegro e bom; Manoel Telles Barreto de Menezes, emérito administrador; Matias de Albuquerque, e André Vidal de Negreiros, heróis da guerra holandesa; Gomes Freire de Andrade, que administrou o sul do Brasil 30 anos, imortalizado no poema *Uruguai*; o Marquês de Lavradio, o Conde da Cunha, o Conde de Azambuja, Luiz de Vasconcellos e outros deixaram nobres traços na gestão dos negócios públicos. Manoel Bequimão e Tiradentes equiparam-se às mais puras vítimas das ideias generosas.

Alexandre de Gusmão, estadista e diplomata, merecedor da confiança de D. João V; José da Silva Lisboa, Visconde de Cairu, escritor, erudito, inspirador da abertura dos portos brasileiros a todas as nações; Hipólito José da Costa que, exilado em Londres, redigia magnífico jornal sobre cousas da Pátria, advogando adiantadas ideias; Evaristo Ferreira da Veiga, modesto livreiro, jornalista, promotor de uma revolução, de que, pessoalmente, nenhum proveito colheu; Diogo Antônio Feijó, o padre enérgico e patriota; José Bonifácio de Andrada e Silva, sábio, poeta, homem de Estado, com duas vidas, igualmente ilustres, — uma em Portugal, onde descobre novas espécies minerais, dirige a construção de obras públicas, exerce altos cargos de instrução, política e magistratura, combate contra os soldados de Napoleão, — outra no Brasil, onde contribui eficazmente para a separação e organiza o Império nascente; o Duque de Caxias, o general calmo e refletido, nunca derrotado, vencedor de quatro revoluções e duas guerras externas; Mariz e Barros, estoico qual Mucio Scoevola, ante o sofrimento e a morte; Porto Alegre, a encarnação da valentia elegante e criteriosa; Osório, o tipo do general impetuoso e bravo, são individualidades que honram qualquer nação, concretizam o que de mais alto tem produzido a humanidade.

Em todos os ramos da atividade social, figuram distintamente brasileiros. Na poesia, eis Gregório de Matos, o grande satírico; eis José Basílio da Gama, o ilustre épico, amigo de Pombal, um dos poucos que guardam fidelidade a este estadista na desgraça; eis Gonçalves Dias, o sublime lírico; eis Fagundes Varela; eis Castro Alves, e tantos mais. Na história, João Francisco Lisboa alia a erudição de Taine ao estilo de Tácito. Na filosofia e na crítica, Tobias Barreto; no direito, Teixeira de Freitas derramam clarões geniais. Na música, temos José Maurício Nunes Garcia, o padre mestiço, tão merecidamente distinguido por D. João VI; temos Carlos Gomes, inspirado compositor, de nomeada universal. Na ciência, o botânico Conceição Veloso, o naturalista Alexandre Rodrigues Ferreira, o cirurgião Manoel Feliciano.

O brasileiro José de Lacerda atravessa a África em 1798. Pertence a um brasileiro o descobrimento da navegação aérea. Na verdade, os aparelhos aerostáticos foram inventados pelo santista Bartolomeu de Gusmão, irmão do célebre Alexandre de Gusmão. Atestam documentos irrecusáveis que Bartolomeu experimentou seu invento em Lisboa, no ano de 1709, 74 anos antes de fazerem iguais experiências em França os irmãos Mongolfier (1783). A estes, entretanto, costuma-se atribuir a prioridade. Na petição endereçada por Bartolomeu naquela data a El- Rei, declara ele ter engendrado um instrumento para andar sobre o ar e sobre a terra, com o qual se poderia ir até os polos e alcançar grandes vantagens na arte da guerra, — como correspondência, e saídas de praças sitiadas. Assim, há cerca de 200 anos, concebeu Bartolomeu a ideia da tentativa que o capitão Andrée quis realizar relativamente ao polo do norte, bem como a do serviço aerostático na arte militar. Grambetta, em 1870, retirou-se, num balão, de Paris assediado pelos alemães. O mineiro Santos Dumont descobre a dirigibilidade dos balões.

Entre os grandes vultos do Brasil, cumpre mencionar D. Pedro I, que nascido em Portugal, para aqui veio aos nove anos, aqui se educou e formou o caráter, aqui passou 23 anos da sua breve existência. Quaisquer que haja sido seus erros, não se pode negar a muita glória dessa existência fecunda. Possuía ele altas qualidades: cavalheirismo, coragem, franqueza, atividade. José Bonifácio a quem banira, tornou-se, depois de 1831, chefe do partido restaurador. Devemos imenso a José Bonifácio e a Martim Francisco na separação definitiva de Portugal. Mas foi antes de chamar ao poder os Andradas que D. Pedro praticou atos decisivos, quais desobedecer categoricamente às ordens das Cortes de Lisboa e obrigar a embarcarem para Europa as tropas portuguesas que pensaram em promover a execução de tais ordens. A 7 de setembro, no Ipiranga, José Bonifácio não estava ao lado de D. Pedro.

No dia da abdicação, 7 de abril de 1831, aconselha aos soldados fiéis que se reúnam aos companheiros revoltados, declarando não desejar o sacrifício de pessoa alguma. "Tudo para o povo, nada pelo povo" — era a sua máxima. Se alguém se humilhava diante dele, exclamava: "Trata-me como homem!"

Abdicando, entrega seus filhos menores, sem mãe, ao povo triunfante na revolução, tamanha confiança depositava no caráter desse povo. Nomeia tutor deles José Bonifácio, adversário da véspera. Despede-se dos amigos, pedindo-lhes perdão das ofensas que porventura lhes irrogara. Quais, afinal, seus graves crimes contra o progresso e a civilização do Brasil? Se faltas cometeu, prestou serviços que as resgatam.

Na Europa, manifesta heroísmo extraordinário durante a campanha contra D. Miguel. "Eu o vi com estes olhos, refere Antônio Feliciano de Castilho, comer um pão negro entre os soldados, jazer na terra nua, agarrar no alvião para ensinar a construir uma trincheira; vi ser preciso para o fazer retirar de um ponto onde as balas choviam um general intimar-lhe ordem de prisão, em nome da rainha. Estava no hospital, vi-o entre os feridos, atando-lhes as ligaduras, e consolando-os; no arsenal, ele encartuchava a pólvora; nas baterias, amestrava os artilheiros; depois da vitória, distribuía por suas mãos as distinções."

Ao morrer, mandou chamar um soldado raso que pertencesse ao batalhão que fizera o cerco do Porto. Abraça-o, rogando que transmitisse o abraço aos camaradas. O soldado durante longo tempo sofre ataques de nervos, pela comoção que experimentara.

D. Pedro expirou aos 36 anos incompletos, tendo fundado um esperançoso império, libertado um antigo reino, renunciado duas coroas, servido duas Pátrias, deixando fama imortal na Europa e na América.

XXXVIII
D. Pedro II

Eis o grande vulto da história brasileira. É motivo de desvanecimento para espíritos refletidos o ter nascido no meio social que o produziu. Já começam a lhe render justiça os próprios que o depuseram do trono e o baniram. Consideram-no, pelo menos, um bom, um desinteressado, um amigo da Pátria. Época virá, não mui remota, em que unanimemente se lhe reconhecerá a benemerência, proclamando-o a nação inteira o mais eminente dos brasileiros, o mais nobre dos americanos (sem excetuar Washington e Bolívar), umas das figuras mais simpáticas e venerandas da história universal.

Como se presta a belo poema a sua alta, pura e profícua existência! Quantos curiosos ou elevados episódios; digno cada qual de imortalizar uma memória!

Vede-o aos cinco anos, órfão de mãe, sem um próximo parente de maior idade que por ele velasse, entregue por seu pai aos azares de uma revolução vitoriosa. Ei-lo o Imperador menino, trepado numa cadeira, delirantemente aclamado pelos grandes funcionários, pela tropa, pela multidão...

Efetua-se no Brasil a primeira experiência dos governos eletivos. Um decênio de lutas, indisciplina, perturbações, anarquia. Transforma- se a Regência de provisória em definitiva, promove a reforma da Constituição, passa a ser constituída, em vez de três membros, de um regente único, eleito por todo o Brasil. Em vão! A despeito da energia de Feijó e da capacidade de Araújo Lima, não se dissolveu o país, porque o pequenino Imperador era o símbolo eficaz da união. Sua frágil existência, no dizer de Saint Hilaire, opunha barreira às ambições separatistas.

Educava-se ele de modo completo, revelando extraordinária precocidade, dotado de eminentes faculdades de sentimento e razão, grave, aplicado, desejoso de tudo aprender, — desejo que manteve sempre ardente até os últimos dias da vida.

Tais qualidades, tamanhas esperanças despertaram no Parlamento que, no intuito de debelar os males públicos, julgaram dever adiantar de três anos a data de sua maioridade política, confiando-lhe desde logo a suprema direção nacional.

Contava D. Pedro 15 anos. Com decisão e coragem, aceitou a tremenda responsabilidade que se lhe oferecia, e encetou esse reinado de progresso, liberdade e justiça, cuja recordação enche de reconhecimento todo verdadeiro coração patriota, pois, durante ele, o Brasil exerceu incontestada hegemonia na América do Sul.

Do balanço do seu meio século de administração resulta enorme saldo de benefícios.

Reprimiu o caudilhismo no Brasil e no Prata, garantiu 40 anos de paz interna, sufocou cinco revoluções, — em S. Paulo, Minas, Maranhão, Rio Grande do Sul e Pernambuco, — sustentou três gloriosas guerras externas, destruindo três tiranias, — a de Rosas, a de Aguirre e a de Lopez; assegurou a independência do Uruguai e do Paraguai; contribuiu decisivamente para a libertação de dois milhões de escravos.

À vitória sobre as revoluções seguiu-se sempre ampla e generosa anistia. Na guerra contra Rosas, triunfou o Brasil onde a França e a Inglaterra haviam naufragado. Nunca aproveitou suas vantagens para oprimir vizinhos mais fracos. O Imperador era aliado de todos os espíritos liberais do Prata. Nada impôs ao Paraguai, depois de tê-lo vencido com ingente sacrifício. Organizou ali o governo republicano que, sob o despotismo de Francia, Lopez I e Lopez II, era até então desconhecido dos paraguaios, e determinou-lhes a abolição do cativeiro. Três vezes serviu de árbitro em questões internacionais de grande monta, entre poderosas nacionalidades. Defendeu, com extrema energia, a dignidade do Brasil contra nações fortes, como a Inglaterra, vendo-se esta obrigada a nos dar satisfação cabal.

Basta comparar o Brasil de 1840 — (5 milhões de habitantes, dos quais 2 milhões de escravos, 16 mil contos de renda, 50 mil contos de produção total, sem estradas de ferro, — com o Brasil de 1889, — 14 milhões de homens livres, 153 mil contos de renda, cerca de 500 mil contos de produção, mais de nove mil quilômetros de vias férreas em tráfego) — para verificar a imensa prosperidade alcançada sob as vistas de D. Pedro.

Presidiu ele à inauguração das nossas primeiras estradas de ferro, linhas de vapores e telegráficas, principais obras públicas; à introdução em massa de colonos estrangeiros; ao desenvolvimento da instrução pública; à expansão do nosso crédito, cotado, nos últimos anos da monarquia, acima do dos mais influentes Estados. Lavoura, comércio, indústria, tudo medrou.

Escravo da lei, procurou conciliar os partidos, apaziguar as paixões, acatar a liberdade, secundar o progresso.

Carlos Ribeyrolles, amigo de Vitor Hugo, exilado da França por Napoleão III, escreveu que no Brasil não se conheciam processos políticos, nem prisioneiros de Estado, nem restrições à imprensa, nem conspirações, gozando-se de absoluta independência espiritual, graças a D. Pedro, cuja majestade consistia, não nas suas prerrogativas, mas no seu caráter pessoal.

Numerosos viajantes estrangeiros vindos ao Brasil, tributam iguais encômios ao Imperador.

Nenhum soberano jamais obteve tanta consideração e popularidade na Europa e nos Estados Unidos.

Glorificaram-no Goblet, Schœlcher, Jules Simon, Longfellow, Agassiz, Dumas, Mistral, Camillo Castelo Branco, César Cantú, Lesseps, Pasteur, em cujo Instituto de Paris figura o busto dele. Alexandre Herculano, independente até à selvageria, tece-lhe louvores. Darwin declara que todos os sábios lhe devem o maior respeito. Lamartine coloca-o acima do grande Frederico. Mitre chama-lhe chefe de uma democracia coroada. Victor Hugo proclama-o neto de Marco Aurélio, Gladstone aponta-o como modelo dos reis — benção e exemplo da sua raça.

Amigo de todos os homens notáveis de seu tempo adivinhou o gênio de Wagner a quem, em 1857, pediu uma ópera para ser cantada no Rio de Janeiro.

Membro do Instituto de França e de todas as grandes sociedades científicas e literárias do mundo, protetor das ciências, das letras e das artes, auxiliou Pedro Américo, Vitor Meireles, Carlos Gomes, Almeida Júnior, Varnhagen, Gonçalves Dias, Macedo, Porto Alegre, Magalhães, cuja *Confederação dos Tamoios* foi luxuosamente editada, à custa dele. Quantos estudantes pobres educou, quantos artistas favoreceu!

Considerai o seu civismo, a sua atividade indefessa, no correr da campanha do Paraguai, para as despesas da qual cedeu a quarta parte da sua dotação, o seu zelo extremo no exercício dos deveres públicos e privados, a sua benevolência, a sua probidade, a sua tolerância, a sua filantropia, a sua encantadora brandura, a sua simplicidade espartana, — ele ligado aos Bourbons, aos Habsburgos, às mais nobres e altivas famílias do universo!

Achava-se moribundo em Milão, sacramentado, ungido, quando lhe comunicam a votação da lei de 13 de maio de 1888 que declarou extinta a escravidão no Brasil. Derramou lágrimas de alegria, murmurando: "Grande povo! Grande povo!" E a comoção jubilosa lhe soergueu as forças, operou um milagre, podendo mais do que os cuidados e os medicamentos.

Naquela cidade, em Paris, em Baden-Baden, Bruxelas, Marselha, Florença, Nápoles, — onde quer que ele se encontrasse, — recebia significativas homenagens da população, elevando-se assim o nome do Brasil. Alto, imponente, cheio de distinção natural, provocava aclamações. Em Canes, depois de destronado, os *Felibres de Provence* lhe dedicaram pitoresca festa e o elegeram seu sócio, apelidando-o *o rei dos imperadores*.

Como se preocupava com a instrução pública, animando-a quanto em si cabia, assistindo infatigável a exames, concursos, distribuição de prêmios! "Se eu não fora Imperador, quisera ser mestre de escola", costumava exclamar. "Nada conheço de tão nobre acrescentava, — como dirigir jovens inteligências, preparar os homens do futuro." Quiseram erigir- lhe um palácio, condigno da sua posição. Exigiu que o dinheiro destinado à construção se aplicasse à de escolas. Finda a guerra do Paraguai, a Municipalidade e o povo do Rio projetaram elevar-lhe uma estátua. Recusou peremptoriamente, determinando que à avultada quantia recolhida por subscrição se desse o destino da do palácio. "Será a melhor maneira de perpetuar, — escreveu então, — a confiança que tive no patriotismo dos brasileiros."

Jamais usou do veto constitucional, jamais embaraçou uma reforma, jamais consentiu num exílio, ou numa execução capital, quando provocada a sua intervenção, jamais alimentou sentimentos de ódio, prevenção, vingança ou perseguição contra quem quer que fosse, jamais conheceu inimigos. Os revolucionários da véspera ocupavam os mais elevados cargos políticos no dia seguinte.

Funcionário perfeito, esposo e pai exemplar, acolhia cada manhã quantos o procuravam, atencioso e paternal para com todos. Recebia desse modo, dizia, a sua família brasileira. Como Péricles, nunca fez cidadão algum tomar luto. Homem de bem na extensão da palavra, muita vez contrariou importantes interesses, sem que ninguém ousasse lhe atribuir equívocas intenções.

Os livros, eis seus maiores amigos. Baldo de recursos, no exílio, quase em estado de pobreza, legou ao Instituto Histórico, que fundara, ao Museu e à Biblioteca Nacional a magnífica livraria de 60.000 volumes que cuidadosamente ajuntara, bem como as suas coleções numismáticas e mineralógicas, sem estimativa possível.

Não permitiu que lhe acrescentassem à lista civil, quando o Parlamento, atendendo à depreciação da moeda, aumentou os vencimentos de todos os funcionários.

A mor parte da sua dotação, despendia-a em obras de caridade. De uma feita, tomou emprestados 60 contos de réis para libertar anonimamente um lote de escravos. Muitos desses infelizes foram educados a expensas suas.

Bem merece o qualificativo de Magnânimo, que lhe conferiu a Academia Francesa, quem apresenta, sem um deslize, predicados quais os que palidamente recordamos.

Apeado do trono, banido da Pátria, ninguém acusou, não lavrou um protesto, não formulou uma queixa, no meio de tamanhas ingratidões e iniquidades. No desterro, a sua grandeza e hombridade atingem grau incomparável. Sempre pronto a servir o Brasil, ofereceu-se, quando se agitou a questão do Oiapoque, a auxiliar com informações o ministro da república brasileira em Paris. Propalando-se que o sábio Koch havia descoberto em Berlim o preventivo contra a tuberculose, adquiriu ele imediatamente boa porção do medicamento para remetê-lo à Santa Casa do Rio de Janeiro. Caindo paupérrimo do trono, os próprios vencedores da revolução que o derribara prestaram-lhe a homenagem de lhe pôr à disposição forte quantia para o seu sustento, o que ele nobremente rejeitou. A Constituição republicana de 1891 assegurou-lhe uma pensão enquanto ele vivesse, da qual também se não serviu.

Uma apoteose a sua morte, ocorrida em modesto hotel de Paris! Colocaram um pouco de terra do Brasil, guardada adrede para esse fim por ordem sua, debaixo de sua cabeça, no caixão. Prestou-lhe honras soberanas a República Francesa. De toda parte acorreram representantes de reis e imperadores a render-lhe o preito supremo. A imprensa universal cobriu-se de luto, sentimento compartido pela massa popular. O trem fúnebre que transportou o seu cadáver a Lisboa, atravessou a Espanha e Portugal, entre unânimes e grandiosas demonstrações de pesar e veneração.

E lá descansa em S. Vicente de Fora, longe do Brasil que tanto amou, tanto serviu, tanto exalçou.

Mas há de voltar; há de tornar-se legendária a sua memória imortal. Há de voltar triunfalmente, sim, para jazer ao lado dos seus queridos compatriotas, do mesmo modo que de Santa Helena volveram as cinzas de Napoleão, a fim de repousarem nos Inválidos, como ele pedira, junto das de seus bravos.

E a história reconhecerá que a glória do Imperador brasileiro é mais alta e mais pura que a do sanguinário Imperador francês, aniquilado em Waterloo.

XXXIX
A escravidão no Brasil

Se é exato que o Brasil se demorou em abolir a escravidão, não menos certo é que em parte alguma a questão foi solvida de modo mais inteligente e honroso.

Não nos deve envergonhar o fato de havermos mantido a maldita instituição. Quase todos os povos o praticaram. Teólogos e doutores da Igreja sustentaram a sua legitimidade. Ao começar este século, admitia ainda a Inglaterra o tráfico dos negros, com o qual enriqueceu e cuja supressão dificilmente conseguiu. Em França, só em 1848 extinguiu-se a escravidão nas colônias. Nos Estados Unidos, o ilustre Washington era escravagista. A abolição custou ali tremenda guerra civil, durante cerca de cinco anos, de 1860 a 1865. Nunca possuíram os brasileiros um Código Negro, como os ingleses, franceses e americanos do Norte. Restringiam estes últimos em certos Estados o direito de libertar; noutros, de todo a lei o impedia. Depois de liberto, era o ex-escravo obrigado a sair do lugar onde vivera, sob pena de ser de novo escravizado. Cometiam os senhores revoltantes crueldades que Henriqueta Beecher Stowe descreveu no seu famoso romance *A Cabana do pai Thomas*. Proibiam alguns que os homens de cor, mesmo livres, aprendessem a ler e a escrever. Até hoje, lutam os americanos do Norte com o problema negro. Os homens de cor formam ali classe segregada e opressa, sem as regalias sociais dos demais cidadãos. Não há casamentos entre pessoas de cor diferente. A pele escura é uma depreciação, um estigma, um motivo de aversão por parte dos brancos. Os pretos veem-se excluídos dos lugares públicos. Como já assinalamos, têm até igrejas e cemitérios à parte.

No Brasil representavam os escravos a quarta parte da população, eram os únicos trabalhadores agrícolas e residia na agricultura a fonte primordial da riqueza pública. Mais árdua do que alhures, tornava-se, pois, a decisão da matéria que envolvia interesses vitais.

Desde o século XVIII, entretanto, vozes generosas protestaram, em nome da moral e do direito, contra o cativeiro. O Brasil não o amou ou defendeu; apenas o tolerava. Condenava-se universalmente entre nós a propriedade servil. Os denominados escravocratas jamais se opuseram radicalmente à libertação; queriam só que ela se efetuasse em prazo longo, e mediante uma indenização, destinada à reorganização do serviço agrícola. Nunca pegaram em armas para preservar o triste regime, herdado dos antepassados. Raros os senhores cruéis. No geral, tratavam os negros como cristãos, não lhes recusando os consolos da religião, permitindo que fundassem irmandades só deles: S. Benedito e Nossa Senhora do Rosário.

Mitigavam a sorte desses infelizes a caridade, a filantropia e belos costumes da população, quais o apadrinhamento, as alforrias na pia.

Com alforrias se comemorava qualquer fato importante, ou festa de família. Os libertos adotavam, não raro, o sobrenome dos antigos senhores. Cargos e posições lhes ficavam acessíveis, sem separação social.

A emancipação se operou progressivamente, para que a produção nacional não sofresse. A profunda reforma realizou-se de modo pacífico. Em 1831, a lei proibiu o tráfico de africanos; em 1871, proclamou livres os filhos de mulher escrava; em 1885, considerou também livre os cativos sexagenários; em 1888, declarou extinta a escravidão no Brasil. Procedeu com sabedoria o legislador, cerceando por todos os lados a instituição, melhorando a pouco e pouco a situação das vítimas, proibindo o apartamento das famílias, promovendo e facilitando a iniciativa emancipadora, cogitando da educação dos ingênuos, evitando abalos e atritos nocivos ao bem público.

Todavia, não se chegou sem luta, comoção e perigo, à vitória final. Houve, em começo, agitação e oposição violenta por parte dos interessados. Arcou com inúmeros e sérios obstáculos a brilhante propaganda abolicionista em que tantos nomes se ilustraram na imprensa, na tribuna, nas associações libertadoras. Em virtude dessa propaganda, entraram os senhores a manumitir os próprios escravos. Amazonas e Ceará se emancipam, no meio de solenizações magníficas. Acelera-se o movimento. Dão-se libertações em massa. Os escravos vão abandonando então as fazendas, enquanto a polícia e o exército recusam-se a persegui-los. À força que porventura lhes embargava o passo, diziam: "atirai sobre nós; não nos defenderemos; desejamos apenas trabalhar, como homens livres!" Insurgidos, conservam calma e digna atitude. Grupos numerosos e fortes atravessam silenciosos cidades e vilas, sem o menor abuso, indo procurar os abolicionistas ou os lavradores que já haviam inaugurado a liberdade em suas terras.

Cerca de dois milhões de cativos emancipam- se em 17 anos, mais de 100 mil por ano. O parlamento discutiu e votou em 5 dias o projeto de lei oferecido pelo governo, declarando extinta a escravidão no Brasil, sendo ouvidos sem desrespeito, apesar da impaciência geral, os oradores contrários que se manifestaram com máxima isenção. Seguiram-se demonstrações de aplauso e regozijo públicos quais não se tinham visto ainda e nunca mais se viram. A data da sanção da lei, — 13 de maio, — foi considerada desde logo pelo entusiasmo popular como de festa nacional.

Todo o mundo civilizado celebrou o modo como o Brasil superara a terrível crise. Em honra da nossa Pátria, percorreu Buenos Aires imponente procissão cívica, dirigida pelos dois preclaros ex-presidentes da República — Mitre e Sarmiento. Em Paris, as sumidades das letras e da política aclamaram o Brasil. À princesa D. Isabel, que em prol da abolição arriscara o seu trono, signatária da lei, concedeu o Papa Leão XIII a suprema distinção da *Rosa de Ouro*. Se os poderes competentes não precipitassem a abolição, ela em breve se completaria pelo consenso dos senhores. A lei não extinguiu, mas declarou extinta a escravidão no Brasil.

Ultimado o triunfo, incorporaram-se os ex- escravos à população, em perfeito pé de igualdade. A eles mesmos e a seus descendentes desvendaram-se os vastos horizontes abertos a todos os habitantes do Brasil. Muitos permaneceram nas antigas fazendas, continuando a trabalhar, sem ressentimentos recíprocos, ao lado dos seus ex-donos.

Em que ponto do globo, em que página da história se regista uma revolução social, econômica e política desta magnitude e alcance executada de maneira tão nobre?

XL
Resumo das grandezas do Brasil

Ficou demonstrado que:

— O Brasil constitui um dos mais vastos países da terra, capaz de conter toda a população nela existente;

— Reúne imensas vantagens a essa grandeza territorial, quais a situação geográfica, a homogeneidade material e moral, o progresso constante;

— É belíssimo — encerrando maravilhas sem êmulas no universo, como o Amazonas, a cachoeira de Paulo Afonso, a floresta virgem, a baía do Rio de Janeiro;

— Possui riquezas incalculáveis, — tudo quanto de precioso se encontra no globo;

— Goza de perpétua primavera, sem jamais conhecer temperaturas extremas;

— Não sofre as calamidades que costumam afligir a humanidade: — vulcões, terremotos, ciclones, inundações, abundância de animais ferozes;

— Resulta a sua população da fusão de três dignas e valorosas raças;

— Bom, pacífico, ordeiro, serviçal, sensível, sem preconceitos, não deturpa o caráter desse povo nenhum vício que lhe seja peculiar, ou defeito insusceptível de correção;

— Nunca sofreu humilhações, nunca fez mal, nunca perdeu uma polegada do seu solo, nunca foi vencido, antes tem vencido poderosas nações;

— Sempre procedeu honesta e cavalheirosamente para com os outros povos, livrando, com absoluta abnegação, de odiosas tiranias seus vizinhos mais fracos;

— Cheio de curiosidades naturais, depara elevadas glórias a quem o estudar e amar;

— Na sua história, relacionada com os mais notáveis acontecimentos da espécie humana, escasseiam guerras civis e efusões de sangue, sobejando feitos heroicos, formosas legendas, preclaras figuras, luminosos exemplos;

— Primeiro país autônomo da América latina, segundo do Novo Mundo, sempre manifestou espírito de independência, desfrutou liberdades desconhecidas em outras nações, mostrou-se apto para todas as melhorias, produziu representantes distintos em qualquer ramo da atividade social, resolveu com calma e sensatez, à luz do direito, a mor parte das suas questões, acolheu carinhosamente quem quer que o procurasse, aumentou sem cessar.

Nestas condições, o Brasil é um país privilegiado, reunindo elementos que lhe conferem primazia sobre todos os mais. Importa ingratidão para com a Providência, invejar outras nações, não nutrir a ufania de ter nascido brasileiro. Foi belo o quinhão que nos coube. Outros povos apenas se avantajam ao nosso naquilo que a idade secular lhes conquistou. O Brasil poderá tornar-se o que eles são. Eles nunca serão o que é o Brasil.

Qual o que em absoluto nos excede? Nenhum, dadas as nossas circunstâncias, faria mais do que fizemos.

Quando nos lançarem em rosto as grandezas alheias, consideremos as suas misérias. Tem eles primores d'arte? Nós possuímos portentos naturais, sem dúvida melhores. Apresentam cultura mais fina? Lá chegaremos, pois para isso nos sobra capacidade. Pompeiam luxos esplêndidos? Oferecemos incomparáveis suavidades de existência. Vangloriam-se de rutilante passado? Aguarda-nos deslumbrante porvir. Patenteiam maior força armada? Vivemos mais tranquilos, mais fraternalmente.

A Inglaterra com a sua formidável expansão; a Itália com os seus monumentos; a França com os seus artistas; a Alemanha com a sua ciência, não nos acabrunham, mas despertam nobre emulação. Nada disso nos é inacessível. Exibimos títulos equivalentes para merecer o respeito, a estima e a admiração universais.

O brasileiro, em última análise, passa dias mais felizes que o alemão, o francês, o inglês, dias mais tranquilos, mais risonhos, mais esperançosos.

Há, pois, em ser brasileiro o gozo de um beneficio, uma vantagem, uma superioridade.

XLI
Perigos que ameaçam o Brasil

Nenhum problema insolúvel, nenhum perigo inevitável ameaça o desenvolvimento do Brasil. Não vive ele, como os países de Europa, sob a pressão de questões irritantes e conflitos iminentes com os vizinhos. Apenas duas apreensões assaltam o espírito de quem medita sobre os seus destinos, se continuar a ter maus governos e instituições incompatíveis com a sua índole. São essas apreensões: — separação do território nacional em vários Estados; intervenção nos seus negócios de alguma potência estrangeira.

Mas, quanto à primeira, não há por ora sintomas alarmantes. A tendência da evolução humana é para as grandes aglomerações. Após lutas e embaraços ingentes, a Inglaterra chamou a si a Escócia e a Irlanda; uniram-se a Espanha, a Itália, a Alemanha. E lá chocavam-se correntes opostas, tradições hostis, mil elementos heterogêneos. No Brasil, não há antagonismos entre as partes que o compõem. Cimenta-as, ao contrário, forte solidariedade. O Brasil é perfeitamente homogêneo, material e moralmente, pelo lado social e pelo lado étnico, pois nele se cruzam e se fundem todas as raças. Lucraremos, sem exceção, em permanecer um vasto conjunto intimamente ligado e compacto. Exigem-no, impõem-no poderosos interesses. Ainda quando, por desgraça geral, antipatriótica e cega política determinasse a cisão, ela seria forçosamente passageira.

Erguer-se-ia incontinenti um valente partido com a bandeira da junção e, em breve prazo, triunfaria, como triunfou em outras regiões de vínculos menos sólidos. A unificação se realizaria em nome de um passado quatro vezes secular.

Quanto à intervenção estrangeira, não estamos livres, — é exato, — de sofrer as consequências do desarrazoado movimento de expansão que levou a França a Madagascar, os Estados Unidos às Filipinas, e vai retalhando o império chinês. Seria ingenuidade contarmos com auxílio alheio ou com o prestígio do nosso direito. Vede o sacrifício do Transvaal. Não dispomos nem poderíamos dispor de meios materiais capazes de rechaçarem as nações militarizadas e conquistadoras. O recurso consiste na prudência e elevação do nosso procedimento. Não forneçamos pretextos e ocasiões. Adquiramos a força moral que sustenta a pequena Suíça independente e altiva no meio de avassaladores vizinhos. A dignidade e a honra inspiram respeito instintivo. Prestes se achava Paris a ser devastado pelas hordas de Átila, o flagelo de Deus. E foram contidos os hunos ferozes, não pelas armas, mas por Santa Genoveva, uma simples pastora. Também a eloquência e a majestade de S. Leão evitaram a Roma o assalto dos bárbaros. Já gozamos de crédito inexcedível. É recuperá-lo.

Poderemos resistir, além disso. Quem já expulsou os franceses do Rio de Janeiro e do Maranhão, quem combateu trinta anos e afinal venceu os holandeses, lutará vantajosamente, se quiser, contra qualquer invasor. Não perderemos com facilidade uma autonomia de cem anos, opulenta de recordações liberais, passemos, embora, por tremendas crises, semelhantes à da Alemanha, após Iena, à da França, em seguida a Sedan, crises inerentes à condição humana e não sem vantagens, porquanto ensinam e virilizam. Tenhamos patriotismo, eis em última análise o preservativo, eis o remédio.

Superior às coações da força — diz Renan, — o que une e constitui as nações é o sentimento do passado, a posse em comum de um rico legado de tradições, o desejo de viver juntos e a incessante vontade de manter e continuar a fazer valer indivisa a herança recebida.

Depende simplesmente dos brasileiros unir e constituir assim o Brasil.

XLII
O futuro do Brasil

Com os elementos congregados em si, pode o Brasil, como nenhum outro país, caminhar desassombrado, o olhar alto, o passo firme. Desempenhará nos negócios humanos papel proporcional ao lugar que ocupa no Globo. Como José Bonifácio declarava em 1789, perante a Academia Real de Lisboa, está preparado para novo assento de ciências, para foco de nova civilização.

É verdade que a grandeza não deriva da simples posse de dons valiosos, mas do seu sábio aproveitamento. Porque, porém, deixaremos de pôr em ação os nossos prodigiosos recursos? Quando não o quiséssemos, seríamos forçados a isso pela ordem natural das cousas, à lei infalível do desenvolvimento das forças e das necessidades.

Viveremos, cresceremos, prosperaremos. A educação, o aperfeiçoamento, hão de vir. Somos ainda uma aurora. Chegaremos necessariamente ao brilho e ao calor do meio-dia. Ao terminar o século XIX, já constituímos a 2a. potência do Novo Mundo, a 1a. da América do Sul, a 1a. em extensão e a 3a. em população da raça latina. Seremos a 2a. ou a 1a. do orbe, quando a hegemonia se deslocar da Europa para a América, o que fatalmente sucederá.

Encarnaremos então as qualidades, guardaremos as tradições, representaremos os serviços dos latinos no trabalho universal. Se tais qualidades, tradições e serviços são eminentes (e quem ousará negá-lo?), eminente será a nossa missão. Não temos o direito de desanimar nunca. Assiste-nos o dever de confiar sempre. Desanimar no Brasil equivale a uma injustiça, a uma ingratidão; é um crime. Cumpre que a esperança se torne entre nós, não uma virtude, mas estrita obrigação cívica.

Desanimar, porque? Quando nada nos falta que não possamos conseguir? Penosíssima, embora a situação atual, é incomparavelmente mais auspiciosa que a da Grécia, a da Itália, a de Portugal, a da França mesmo.

Quão menos grave que a dos Estados europeus! Neste, a população emigra; naquele decresce cada dia. Vive condenada em todos a não largar as armas, minada pela miséria, dividida por ódios implacáveis, explorada pelo argentarismo, ameaçada pelos anarquistas. Apesar de tudo, lá não desanimam. Havemos nós de desanimar?!

Não! Compenetremo-nos das nossas responsabilidades, ufanemo-nos do que somos, mostremo-nos dignos de tamanhas vantagens e benefícios, façamos, em suma, o nosso dever.

Confiemos. Há uma lógica imanente: de tantas premissas de grandeza só sairá grandiosa conclusão. Confiemos em nós próprios, confiemos no porvir, confiemos, sobretudo, em Deus que não nos outorgaria dádivas tão preciosas para que as desperdiçássemos esterilmente. Deus não nos abandonará. Se aquinhoou o Brasil de modo especialmente magnânimo, é porque lhe reserva alevantados destinos.

Vila Petiote.
Petrópolis, 8 de setembro de 1900.

NOTA

Os principais fatos e observações componentes deste opúsculo, colheu-os o autor nos livros de Elisée Reclus, Southey, Porto Seguro, Wappœus, João Francisco Lisboa, Barão do Bio Branco, João Ribeiro e de outros que escreveram sobre o Brasil. Nem sempre foram citados nomes e obras, com indicações precisas, por se tratar de ligeiro trabalho de vulgarização.

POSFÁCIO

Ó pátria amada, idolatrada, salve!, Salve!

Um resumo crítico sobre a obra *Porque me ufano do meu país*, de Affonso Celso (1900)

WANDER LOURENÇO*

> "Sois homens de sentimentos elevados; sois uma generosa nação. Tendes a dupla vantagem de uma terra virgem e de uma raça antiga. Um grande passado histórico vos liga ao continente civilisador. Reunis a luz da Europa ao sol da America."
> (VICTOR HUGO)

Em sua *História da Literatura Brasileira* (1888), o crítico literário Silvio Romero (Lagarto, SE, 1851 / Rio de Janeiro, RJ, 1914) irá subdividir os movimentos literários em quatro etapas cronológicas, que abarcam a produção ficcional, desde o Brasil-Colônia (predominância do absolutismo extrativista lusitano -- 1500/1822); Primeiro Reinado 1822/31 (D. Pedro I -- Lisboa -- 1798-1834); e Segundo Reinado (D. Pedro II

* Professor e escritor, Doutor em Letras pela UFF e professor pesquisador da Universidade Clássica de Lisboa, é autor do romance A República do Cruzeiro do Sul, entre outros livros, e cineasta e produtor de vários documentários sobre escritores brasileiros.

-- Rio de Janeiro -- 1825 / Paris -- 1891), até o golpe militar que originou a proclamação da República, em 1889, que se alastra pelos primórdios do século XX (ROMERO, 1991):

a) De formação (1500-1750);
b) De desenvolvimento autonômico (1750-1830);
c) De transformação romântica (1830-1870);
d) De reação crítica (de 1870 em diante).

Por este viés, o historiador da Literatura ressaltará, ainda, que a primitiva época se inicia com o descobrimento da Ilha de Santa Cruz, Terra de Santa Cruz e, enfim, Brasil; e irá atravessar o período da invasão holandesa, capitaneada por Maurício de Nassau (1604-1679); a ascensão do Quilombo dos Palmares (1694); e as insurreições dos Emboabas (1708-9) e dos Mascates (1710-11), até adentrar os meados do século XVIII, que culminará com o segundo descobrimento do Brasil (grifo nosso), com o 'achamento' das pedras preciosas, na Província das Minas Gerais. Ainda de acordo com Romero, o segundo momento histórico, que se principia com a descoberta das jazidas auríferas das Minas Gerais e a deflagração da Conjuração Mineira, há de culminar com a terceira etapa historiográfica no bojo da independência do país com o Romantismo político de Benjamin Constant, que, por intermédio da imitação do máxime francófono, obteve o mérito de nos afastar da esterilidade do lusitanismo literário. Por este viés, consoante Sílvio Romero, o momento subsequente se instaurará pela quarta fase a partir da reação realista/naturalista; entretanto, cumpre-se declarar que a sua divisão não se pautara, exclusivamente, pelos fatos literários, haja vista que, em sua concepção crítica, a Literatura compreenderia todas as manifestações da inteligência, que abrangem também as áreas político-científicas; e não, somente, as belas-letras poéticas.

— 1592 - 1768: Formação Histórico-Literária;

— 1768 - 1836: Desenvolvimento Autonômico;

— 1836 - 1875: Era Romântica;

— 1875 - 1890: Reação Crítico-Naturalista.

Neste contexto, enfatiza Romero que, nos estudos literários brasileiros, o intelectual há de enfrentar duas faces principais do problema histórico pátrio: a ambiência geral; e a conjuntura particular. Destarte, observa, a primeira circunstância deverá ser analisada pela representação da influência europeia, visto que a literatura americana se instaura através de um processo de europeísmo, em nosso caso, adaptado aos trópicos brasilis, a partir de uma espécie de 'darwinização' tão grande quanto ocorre com as ciências biológicas. No que se refere ao binômio Geral-Particular aventado por Sílvio Romero, contrariamente à interpretação do crítico Antonio Candido, o pós-nativista Afrânio Coutinho ressalva que o espólio pátrio se iniciará pela experiência barroco-jesuítica, proferida pelos manuscritos poéticos e dramatúrgicos do prolífico fundador-padroeiro, São José de Anchieta (COUTINHO, 1986). Em retorno a Silvio Romero, o autor da *História da Literatura Brasileira* enfatiza que a produção ficcional não se tornara nacional apenas após a emancipação político-econômica de 1822, uma vez que já em seus primórdios as manifestações literárias se coadunavam ao espírito nativista da civilização nascente, que aflorava em território latino-americano (CANDIDO, 1993).

Por este raciocínio, Afrânio Coutinho assevera que, mesmo inconscientemente, o Barroco apregoou a reação anti-lusitana, repelindo-se, dessarte, a dicotomia entre literatura luso-brasileira do período colonial (1500-1821); e literatura nacional da era pós-independência (COUTINHO, 1986). Por intermédio deste entendimento, poder-se-ia afirmar que as reivindicações pós-românticas do estadista Afonso Celso, que se pretendiam a dar corpo à consciência política pela perspectiva épica de cunho nativista, se justificam em busca da autoafirmação pátria pelo viés do projeto de nacionalidade, que se situa no domínio limítrofe entre a diferenciação do europeísmo aludido por Romero e a consolidação da pátria emancipada que dará vazão ao livro *Porque Me Ufano do Meu País* (1900)?

Cabe mencionar que, a respeito do conjunto da subdivisão de ordem literária, o crítico José Veríssimo simplificará substancialmente a perspectiva historiográfica nacional, ao resumir que houve: a) o período colonial (1500 - 1822); b) o período nacional (Pós-independência pátria). De outra feita, na visão de Afrânio Peixoto, os períodos literários se intercalam em:

a) Literatura Colonial (Imitação da Metrópole - Classicismo, Cultismo e Arcadismo);
b) Literatura Reacionária (Reação contra a Metrópole: nativismo político e literário, idealização do selvagem);
c) Literatura Emancipada (problemas nacionais: abolição, Guerra do Paraguai, regionalismo).

Já Antonio Candido assevera que há, em literatura, três aspectos estéticos possíveis (CANDIDO, 1993):

a) quando for considerada equivalente à natureza, idealizando-se um mundo através das formas naturais - Classicismo;
b) quando se considera que o vocábulo vem a ser algo maior do que a natureza, sobrepondo-a - Barroco;
c) quando for sopesada como algo menor do que a natureza, sendo, portanto, incapaz de exprimi-la - Romantismo.

Não obstante, Afrânio Coutinho sinaliza que o isolacionismo estético nos arrisca a olvidar de que alguns elementos exteriores serão essenciais para constituição de uma consciência política, tais como:

a) métodos históricos e ambiência econômico-social;
b) pesquisas bibliográficas: estudo das edições e do público;
c) influências e relações da obra ficcional com a História, com a época, com a geração - modos e costumes, construção da linguagem, correntes de pensamento e espiritualidade (COUTINHO, 1986).

Neste compasso, o ufanista Afonso Celso enquadra-se no contexto autoral de uma espécie de subgênero literário que se denomina como prosa de exaltação que, contrariamente ao Romantismo, se expande para além da idealização do Mito do Bom Selvagem, que se baseia na contingência da História pátria sob a égide da colonização lusófona que, em virtude da ausência de uma tradição autóctone, que pudesse ser utilizada como passado histórico, impulsiona a intelectualidade brasileira a uma luta homérica, entre a tradição importada europeizante e a busca intermitente por uma nova realidade inventada de ordem nativista. Destarte, o conflito das relações entre a Europa e a América, a partir do esforço hercúleo de criação de uma tradição local em substituição à antiga tradição europeia, demarca a sua dinâmica das interpretações desde as expressões iniciais do período colonial, que desaguarão no manancial hermenêutico da conjuntura pitoresca, já assinalada por Candido (CANDIDO, 1993). Nada obstante, cabe acrescentar que tal temática, que já se esboça desde o primeiro século da colonização, quando os jesuítas (Anchieta, sobretudo), se dedicam ao registro da proposição de conquista espiritual em prol do imperialismo religioso; e ao estudo das línguas e dialetos ameríndios e da etnografia dos indígenas, se origina pelo intento de aprisionamento da mentalidade dos primitivos habitantes, utilizando-se da Literatura – poesia e teatro –, como instrumento de catequização político-moralizante.

Neste sentido, o altivo Afonso Celso se manifesta por intermédio de uma corrente didática refratária ao predomínio do adestramento colonizatório, que forcejava a população nativa por adaptar-se à situação opressora provinda da metrópole via Madre Igreja; leia-se Companhia de Jesus, inclusive valendo-se do polilinguismo dada à variedade de idiomas (português, latim, tupi-guarani, espanhol etc.), que caracterizava os diferentes públicos (silvícolas ameríndios, degredados, aventureiros etc.). Entretanto, no bojo desta prosa de exaltação cultuada por Celso, há nítidas evidências em mira, que revelam, desde os primórdios da conquista ibérica, uma corrente de exaltação da terra, os "diálogos das grandezas", sob forma de ufanismo nativista, que deu lugar a um verdadeiro ciclo de literatura em torno do Mito do Eldorado, segundo Afrânio

Coutinho. No ínterim, chama atenção Coutinho, a batalha entre a tradição luso-europeia e a nativa em formação teve ainda expressão em outro temário: o conflito entre a concepção da literatura como produto espontâneo e telúrico; e o conceito de ficção como cultura complexa e de elaboração pessoal consciente. Outrossim, ainda de acordo com Afrânio Coutinho, há dois tipos de escritores: a) os inspirados, telúricos, virgens, instintivos, que buscam inspiração na terra, que, neste caso, a meu ver, deparamo-nos com Afonso Celso; b) os requintados, cultos, desenraizados, que se voltam para as fontes culturais europeias, bem definidos por Afrânio Peixoto, quando afirmou que o brasileiro, em vez de ir à Europa, retornava à Europa (COUTINHO, 1986).

Se tão-somente durante a década de 1920 a 1930 que a consciência político-literária brasileira atingiu a maioridade, ressalva Afrânio Coutinho que a nacionalidade objetiva-se quer pela língua; pela poesia; pela tradição popular e demais formas de vida; e que fora, no século XIX, que se imprimiu à ideia de Nação/Nacionalidade (COUTINHO, 1986). Em *Porque me ufano...*, o categórico Afonso Celso incute a exacerbação moderna do conceito de Nação-Estado, fonte de toda autonomia patriótica que, todavia, não escapa à explicação em termos políticos, em direção à conquista de uma expressão de brasilidade, desde a propagação das riquezas naturais e morais até a ode a d. Pedro II (vide capítulo XXXVIII).

De fato, historicamente, a formação da consciência nacional remonta a muito antes da época da independência política, sobretudo a partir do momento em que a Literatura assumiu uma fisionomia que moldou o Homem novo da América, mestiçado de sangue ou de cultura, que o Modernismo viria consolidar, procurando amenizar o distanciamento entre o pitoresco forjado em virtude étnica e a realidade social pátria. Em vez de buscar na Literatura os reflexos da autonomia política e da formação da consciência nacional, o entusiástico Afonso Celso cumpre à crítica a valorização dos elementos formadores da sociedade brasileira para reforçar a magnitude da autonomia do país, através do binômio Natureza-Mãe/Homem, acompanhando a sua evolução para verificar o momento em que a nação se habilitou a forjar o brasileiro típico, peculiar, distinto e cordial, que possa considerar-se uma contribuição ao gênero humano.

Fragmento 01:

> "Demonstraram os economistas não constituirem os mine raes preciosos a unica nem a principal fonte da riqueza de um paiz. Entraram a sustentar que a lavoura e a industria pastoril valem mais que o ouro o os diamantes, consistin do a verdadeira riqueza na abundancia dos productos in dispensaveis á manutenção da vida. Ainda, sob esse novo aspecto, é immensa a riqueza do Brazil que póde produzir tudo quanto reclamarem as necessidades physicas do homem" (CELSO, 2023, p.42).

Fragmento 02:

> "Do cruzamento das tres raças, — portugueza, africana e india, — originou-se o typo do mestiço brazileiro, chama do mameluco quando provém da união entre o branco e o selvagem, cafuz ou caboré quando se engendra da do sel vagem com o negro. A denominação popular — caboclo — designa os primeiros, — cabra — os segundos. Por sua energia, coragem, espirito de iniciativa, força de resistencia a trabalhos e privações, ganharam os mame lucos justa celebridade no periodo colonial" (CELSO, 2023, p. 71).

No que tange ao predomínio do lirismo, traço herdado da colonização portuguesa, a propensão que, a princípio, se deve ao caráter de sentimentalismo, em Celso a exaltação da natureza que provém da época pós-colonial com base nos manuscritos dos primeiros cronistas pertencentes ao espólio da Literatura Informativa, quando se fundou os mitos brasílicos do Bom Selvagem e do Eldorado, desenvolvendo-se a partir do Romantismo, que, embora não inaugure a linha de ufanismo em prosa e verso, fato este que explica, em Afonso, Celso os movimentos de valorização patriótica.

a) Do indianismo:

> "Distinguem-se os cayapós pelo seu espirito industrio so, pugnaz, cioso de liberdade e independencia. Andam to talmente nús os apinangés, de elevada estatura, palpebras obliquas, figura mongolica. Os carayas observam rigoro samente a fidelidade conjugal, queimam as adulteras, não bebem alcoolicos, não mentem. Para obter ordem nas fa milias, fundaram uma instituição especial, unica no mun do: nomeam um marido das viuvas, sustentado pela com munhão, dispensado de todos os trabalhos, guerras e ex pedições dos outros homens da tribu" (CELSO, 2023, p. 60).

b) Do português:

> "A historia não regista noticia de um povo que, com menos recursos, mais fizesse do que o portuguez. Larga é a sua contribuição para o progresso humano, que nunca empe ceu. Subjugou o mar tenebroso, dilatou o perimetro apro veitavel do planeta; e, sendo um dos mais diminutos e me nos povoados reinos da Europa, formou esse colosso — o Brazil. Dá mostras de injustiça e ingratidão o brazileiro que ataca ou deprime Portugal" (CELSO, 2023, p. 66).

c) Do negro:

> "Os negros africanos, importados no Brazil desde os pri meiros tempos do descobrimento, sempre se mostraram dignos de consideração, pelos seus sentimentos affectivos, resignação stoica, coragem, laboriosidade. Devemos-lhes immensa gratidão. Foram os mais uteis e desinteressados colonisadores da nossa terra que fecundaram com o seu trabalho. Anima vam-n'os instinctos de independencia, como prova a for mação dos quilombos de Palmares" (CELSO, 2023, p. 63).

d) Da mestiçagem:

> "Os mestiços brazileiros contribuiram e contribuem effi cazmente para a formação da riqueza publica. Só elles exer cem certas tarefas. Não se prestara a trabalhos, sedentarios, mas são eximios na exploração da industria pastoril, impor tante num paiz como o Brazil, onde abundam os campos. São mestiços os vaqueiros, notaveis pela sobriedade, e desinteresse, gozando sempre de inalteravel saude; são mestiços os canoeiros e jangadeiros do norte que, sobre tó ros ligeiros e mal unidos, affrontam o oceano ou as corre deiras de caudalosos rios, em longas e arrojadas excursões (...)" (CELSO, 2023, p. 71).

Por este viés, salienta-se que a ausência do passado histórico que, no ideário romântico, será substituída pela tradição importada constituída de um "passado útil" para inspiração autoral, na obra *Porque me ufano do meu país*, ao suplantar o século XIX a partir da independência da nação, da abolição da escravatura, das guerras continentais e do advento da proclamação da República, o fleumático Afonso Celso se apropriará do discurso inflamado de exaltação, como meio de ação pragmática em busca de uma originalidade, que, como o Rousseau do *Emílio*, se predispõe à evocação da consciência pátria. Destarte, a negação deliberada ao expatriamento se alia ao processo de valorização dos símbolos representativos da experiência nacional, de vez que a sociedade brasileira há de se equilibrar entre Metrópole (Caos e esterilização) e Província (Prosperidade e rebarbarização), conforme preceitua Afrânio Coutinho. Diante deste paradoxo instaurado pelas influências estrangeiras, fruto do movimento migratório de homens, ideias e instituições, que se processou desde o século XVI através dos descobrimentos marítimos entre a Europa e o Novo Mundo, Celso se habilitará à toada supremacista da civilização brasileira, apta ao exercício da validação das instituições sociais e dos modos e costumes peculiares aos padrões de existência humana, em relação à Europa (COUTINHO, 1986).

No intercurso das ideias produzidas made in Brazil, sob efeito do impacto da aculturação europeia, o intelectivo Afonso Celso põe em destaque a importância de cada elemento étnico como semente de fecundação política e ética, não abjurando, todavia, a influência estrangeira na composição da identidade nacional, conforme o fizeram, à parte à idealização, o Modernismo antropófago de 1922. No que se refere ao aspecto da implantação de uma mentalidade brasileira, é natural que, ao dialogar com a sociedade colonial que, em princípio, de fato, não poderia deixar de ser um prolongamento da Lusitânia ultramarina, mesmo sem insistir em tal ou qual ação secundária das novas condições de vida física e social, a partir do contato do europeu colonizador com os indígenas e, posteriormente, com os negros africanos, o autor se esforça em diferenciar o país republicano, inelutavelmente, distanciado da influência monárquica do Primeiro e Segundo Impérios. No dizer de Wilson Martins, a Carta de Vaz de Caminha, que inicia entre nós a literatura de conhecimento da terra, sendo o primeiro e eminente documento de uma inesgotável 'brasiliana', parece ter sido o prelúdio comum a toda 'coisa escrita' nacional. Nota-se, portanto, que, em diálogo com *Porque me ufano do meu país*, desde a inserção dos títulos, as primeiras obras escritas revelam sentimentos superlativos dos autores, tais como, a exemplo, a *Prosopopéia*, de Bento Teixeira (1601); e os *Diálogos das Grandezas do Brasil*, de Ambrósio Fernandes Brandão (1618). Desta feita, enfatiza Martins, os vestígios das 'prosopopéias' e dos 'diálogos de grandezas' seiscentistas são encontráveis na *Música do Parnaso*, de Manuel Botelho de Oliveira (1705); *Cultura e Opulência do Brasil*, de André João Antonil (1711); *O peregrino da América*, de Nuno Marques Pereira (1728); e, sobretudo, *História da América Portug*uesa (1730), de Sebastião da Rocha Pita. Cabe acrescer que, consoante Wilson Martins, a esta literatura de exaltação, que se ocupa de expansão e descobrimentos, se ligam os primeiros livros escritos por portugueses ou brasileiros ou acerca das descrições da natureza e do selvagem ameríndio:

a) a obra dos jesuítas; seja a parte tipicamente literária, lírica ou dramática, além do acervo de correspondência;
b) a literatura de viajantes, aventureiros e descobridores;
c) os roteiros náuticos e os relatos de naufrágios;
d) as tentativas de epopeias sobre assunto local, que são episódios desse ramo da literatura de expansão ultramarina.

De acordo com o Afrânio Coutinho, a primeira grande manifestação autoral vem a ser o Mito do Ufanismo, com tendência à exaltação lírica da paisagem d'além-mar, espécie de crença num eldorado ou 'paraíso terrestre', como lhe alcunhou o religioso Rocha Pita, que constituirá uma linha permanente da literatura brasileira de prosa e verso, seja de âmbito ficcional ou não. Assim sendo, Pero Vaz de Caminha, José de Anchieta, Manuel da Nóbrega, Fernão Cardim, Bento Teixeira, Gandavo, Gabriel Soares, Fernandes Brandão, Rocha Pita, Vicente do Salvador, Botelho de Oliveira e Nuno Marques Pereira são predecessores do Conde de Ouro Preto, empenhados trovadores da 'cultura e opulência', ou autores de 'diálogos das grandezas', que constituem essa singular literatura de catálogo dos recursos da Terra Prometida, Éden Brasilis (COUTINHO, 1986). N'*Uma literatura empenhada*, Antonio Candido realça que, após a independência, o pendor nacionalista se acentuou, levando a considerar que a atividade literária como parte do esforço da construção de um país livre. Em suma, o homem natural, como aparece nos romances com um toque acentuado de ingenuidade, e, em prosa e verso, é sempre aquele herói, cuja bondade inata será posta à prova pelas vicissitudes da vida social, e sabe, não obstante, triunfar delas pela fidelidade com que segue a voz das disposições profundas (CANDIDO, 1993). No caso específico de Afonso Celso, o protagonismo caberá ao Brasil, com fonte de inspiração e exemplo, ilustrado pelo homem natural, espontâneo, cordial e polido, simples e requintado, rústico e erudito, razoável e sentimental: um protótipo do Emílio, com energia bastante para trazer no espírito, sem dilacerar-se, o embate de culturas e contradições históricas que faziam do seu tempo, uma espécie de ponte entre épocas e diferentes visões de vida espiritual e social (CANDIDO, 1993). Ao passo que Afrânio Coutinho argumenta que, até o seu meado, o século XIX estará em transição, atravessado por tendências contraditórias, polarizado entre a liberdade e a tradição, a espontaneidade e o formalismo, a expressividade e o ornamentalismo (COUTINHO, 1986).

Antonio Candido ainda destaca que os desajustamentos da convivência social se explicam pela perda da vida anterior, e o campo surge como cenário de uma perdida euforia, visto que a sua evocação equilibra idealmente a angústia de viver, associada à vida presente, dando acesso aos mitos retrospectivos da idade de ouro (CANDIDO, 1993). Ao passo que Coutinho completa ao afirmar que, em pleno prestígio da existência citadina, os homens sonham com ele à maneira de uma felicidade passada, forjando a convenção da naturalidade como forma ideal de relação humana, de vez que se afigura o vulto cívico do 'brasileiro', do mestiço de sangue e alma, o tipo local que a miscigenação e a aculturação foram desenvolvendo, plantado no chão, com a noção de propriedade da terra que defendeu e preservou, se utilizando de uma língua falada e escrita cada vez mais distante do reinol, no sotaque e no vocabulário, imbuído da entonação do cancioneiro local, com modulações rítmicas e acordes provindos da nova sensibilidade que a alma nacional desenvolveu (COUTINHO, 1986). Por esta razão, ressalva Candido, a animosidade será crescente entre o local e o reinol, entre o nativo e o adventício, opondo a consciência mestiça em formação ao despotismo lusitano, movimento nacionalista que precederá a autonomia política e econômica, e se dirige contra o absolutismo mantido pelos portugueses na Metrópole e na Colônia (CANDIDO, 1993).

Em sua obra moralizante de cunho ufanista, o patriótico Afonso Celso irá enumerar onze motivos de superioridade da nação brasileira: 1) a sua grandeza territorial; 2) a sua beleza; 3) a sua riqueza; 4) variedade e amenidade de seu clima; 5) ausência de calamidades; 6) excelência dos elementos que entraram na formação étnica do tipo nacional; 7) nobres predicados do caráter nacional; 8) nunca sofreu humilhações, nunca foi vencido; 9) o seu procedimento cavalheiroso e digno para com os outros povos; 10) as glórias a colher; 11) a sua historia. A partir da descrição deste emaranhado de notabilidades cívicas, o ostentoso Afonso Celso se preocupa em sedimentar o mito da cordialidade pátria – que, posteriormente, será revisitado pelo historiador Sérgio Buarque de Hollanda, em Raízes do Brasil, quando certifica que Homens, não importando a procedência, encontram no país meios adequados de prosperidade, uma vez que negros, brancos, "peles-vermelhas" e mestiços vivem aqui em abundancia e paz. Por este viés, o quadro pitoresco pós-romântico que se alastra pelo panorama republicano através da conjugação dos elementos de formação do povo brasileiro – o que será enfaticamente negado por Mário de Andrade, em *Macunaíma* (1928) –, em consonância com o exotismo imperativo da Natureza-Mãe, conforme nomeia Alfredo Bosi, ao ressaltar que a flora brasileira, maravilhosamente rica, é dado se juntarem todas as flores e frutas do universo, pois que nenhuma é incompatível com a nossa natureza, visto que não há planta exótica que, convenientemente tratada, deixe de germinar no Brasil (CELSO, 2023, p. 14).

Neste sentido, o binômio Homem/Natureza se coaduna aos aspectos de adaptação social, em perfeita sinfonia ou aquarela de tons e matizes, que emolduram, fonética e pictoricamente, o cenário patriótico da outrora Ilha de Santa Cruz.

> "Não ha no mundo paiz mais bello do que o Brazil. Quantos o visitam attestam e proclamam essa incomparavel belleza. Dentro do enorme perimetro brazileiro, encontra- se tudo o que de pittoresco e grandioso offerece a terra. Ainda mais: encontra-se, em materia de panorama, tudo o que ardente imaginação possa phantasiar. E os espectaculos são tão variados quanto magnificos" (CELSO, 2023, p. 18).

Há, decerto, em Afonso Celso, um didatismo poético entranhado em suas descrições avultantes, a respeito das características da natureza pátria, quando delineia o *mar doce* do Rio Amazonas:

> "Tortuosos estes; rectilineos aquelles; série de lagos, terceiros; correndo uns sem obstaculos; constituindo-se outros de successivas escadas de cachoeiras; ora de mar cha vertiginosa, ora lentos, ora de correnteza apenas per ceptivel; revelando-se aqui apathicos e indolentes; além, impetuosos e tumultuarios; desenvolvendo-se de mean dro em meandro; formando remoinhos espumejantes, re mansos, torrentes; ostentando aguas de variegados mati zes: brancas, amarelladas, ceruleas, negras, transparentes" (CELSO, 2023, p. 25).

Por fim, a impressão que fica nos leitores vem a ser aquela que o navegante Euclides da Cunha irá acrescentar ao mapa deste Paraíso Terreal – para se fazer uso da expressão criada por Rocha Pita –, para além da Terra e do Homem, a Luta, que não coube na propagação do entusiástico Afonso Celso; e, a título de curiosidade, detecta-se no seu roteiro das riquezas naturais brasílicas, que o autor do emblemático *Porque me ufano do meu país* registrará predileções gastronômicas que, sem dúvida, o tornariam alvo do apedrejamento ecológico dos tempos hodiernos, ao afirmar que "as tartarugas de carne saborosa, cujos ovos fornecem manteiga, e cuja casca serve para o fabrico de objetos de arte" (CELSO, p. 44), assim como, seria mui contestado pelo Movimento Negro, que não engoliria a seco a declaração de que "contribuíram tantos serviços para que no Brasil jamais houvesse preconceito de cor" (CELSO, p. 63).

Composto pela Officio,
em Freight Text Pro, para a Almedina Brasil.
Barra do Sul, Ilha de Santa Catarina,
agosto de 2023.